JN117911

2024年版
「ハングル」能力検定試験
公式 過去問題集

2023年 第59・60回

2級

まえがき

「ハングル」能力検定試験は日本で初めての韓国・朝鮮語の検定試験として、1993年の第1回実施から今日まで60回実施され、累計出願者数は52万人を超えました。これもひとえに皆さまの暖かいご支持ご協力の賜物と深く感謝しております。

ハングル能力検定協会は、日本で「ハングル」*を普及し、日本語母語話者の「ハングル」学習到達度に公平・公正な社会的評価を与え、南北のハングル表記の統一に貢献するという3つの理念で検定試験を実施して参りました。

「アフターコロナ」となった2023年ですが、春季第59回は61ヶ所、秋季第60回は70ヶ所の会場で無事実施され、総出願者数は21,856名となりました。また、2023年1月と7月に新たに入門級(IBT)オンライン試験が開始されました。このように多くの方々に試験を受けていただいたことは、わたくしたちにとって大変大きな励みとなり、また同時に大きな責任と使命を再確認し、身の引き締まる思いです。

協会設立当初の1990年代と比べると、「ハングル」学習を取り巻く環境は隔世の感があります。しかしいつの時代も、隣人同士がお互いを知り、良い点は学びあい、困ったときは助け合う姿勢は、人として大切なものです。お互いをよく理解するためには、お互いの言葉でコミュニケーションをとり、文化とその背景を知ることが必要不可欠です。

本書は「2024年版ハン検*過去問題集」として、2023年春季第59回(6月)、秋季第60回(11月)試験問題を各級ごとにまとめたものです。それぞれに問題(聞きとり音声は公式ホームページの「リスニングサイト」で聴けてダウンロードも可)と解答、日本語訳と詳しい「学習ポイント」をつけました。

これからも日本語母語話者の学習到達度を測る唯一の試験である「ハン検」を、入門・初級の方から地域及び全国通訳案内士などの資格取得を目指す上級の方まで、より豊かな人生へのパスポートとして、幅広くご活用ください。

最後に、本検定試験実施のためにご協力くださった、すべての方々に心から感謝の意を表します。

2024年3月吉日

特定非営利活動法人
ハングル能力検定協会

*)当協会は「韓国・朝鮮語」を統括する意味で「ハングル」を用いておりますが、協会名は固有名詞のため、「」は用いず、ハングル能力検定協会とします。

*)「ハン検」は「ハングル」能力検定試験の略称です。

目　次

本書について

本書は2023年に実施された春季第59回(6月)と秋季第60回(11月)「ハングル」能力検定試験の問題とその解答・解説を、実施回ごとに分けて収めました。聞きとり問題の音声は協会公式ホームページの「リスニングサイト(聞きとり問題音声再生ページ)」で聴くか、「リスニングサイト」から音声ファイルをダウンロードして聴くことができます(次ページ参照)。

■「問題」

・試験会場で配布される試験問題冊子に準じていますが、聞きとり試験の際メモを取る空欄は、書籍サイズやデザインの関係上、若干調整されています。
・聞きとり問題の音声トラック番号は、🔊04のように示し、2回繰り返すものについては割愛しています。

■「解答と解説」

・4つの選択肢の中で、正答は白抜き数字❶❷❸❹となります。
・大問(1、2など)の最初に、この問題の出題意図と出題形式を示しています。
・詳しい解説は問題ごとに「学習ポイント(学習Pで表示)で示しています。
・中級レベルをクリアした学習者の「聴解力」を問う1、2級聞きとり問題と、1、2級筆記の翻訳問題には「学習ポイント」は付きません。
・すべての問題文と選択肢に日本語訳を付けています。

■ マークシート見本

・巻末にマークシート形式の解答用紙見本(70%縮小)を付けました。本番の試験に備えて、記入欄を間違えないよう解答番号を確認してください。

■ 記号などの表示について

［　］→ 発音の表記であることを示します。
〈　〉→ 漢字語の漢字表記(日本漢字に依る)であることを示します。
(　)→ 該当部分が省略可能であるか、前後に(　)内のような単語などが続くことを示します。
【　】→ 直訳など、何らかの補足説明が必要であると判断された箇所であることを示します。
「　」→ 学習ポイント中の日本語訳であることを示します。
★ → 大韓民国と朝鮮民主主義人民共和国とでの、正書法における表記の違いを示します(南★北)。

リスニングサイト(聞きとり問題の音声聞きとり・ダウンロード)について

■第59回・第60回試験の聞きとり問題の音声ファイルを、以下のサイトで聴くことができます。また無料でダウンロードできます(MP3形式データ)。
なおダウンロードした音声ファイルはZIP形式で圧縮されています。

① 以下のURLをブラウザに入力し「リスニングサイト」を開いてください。

▶ https://hangul.or.jp/listening

※QRコードリーダーで読み取る場合→ 

② 「リスニングサイト」に以下のログインIDとパスワードを入力してください。

▶ログインID：hangul　　▶パスワード：kakomon

■ 本文聞きとり問題の 00 マーク箇所をトラックごとに聞くことができます。

■ パソコンやタブレットにダウンロードした音声ファイルを再生するには、MP3ファイルが再生できる機器やソフトなどが別途必要です。ご使用される機器や音声再生ソフトに関する技術的な問題は、各メーカー様宛にお問い合わせください。

■ スマートフォンで音声ダウンロード・再生を行う場合は、ZIPファイルを解凍するアプリが別途必要です。ご使用される端末やアプリに関する技術的な問題は、各メーカー様宛にお問い合わせください。

■ 本書と音声は、「著作権法」保護対象となっています。

※音声聞きとり・ダウンロードに関する「Q&A」を協会公式ホームページに掲載しました。ご参照ください。 ▶ https://hangul.or.jp/faq/

その他ご質問については、協会事務局宛にメールにてご相談ください。
▶ inquiry@hangul.or.jp

■「､」と「；」の使い分けについて

1つの単語の意味が多岐にわたる場合、関連の深い意味同士を「､」で区切り、それとは異なる別の意味でとらえた方が分かりやすいもの、同音異義語は「；」で区切って示しました。

■ ／ならびに{ ／ }について

／は言い換え可能であることを示します。用言語尾の意味を考える上で、動詞や形容詞など品詞ごとに日本語訳が変わる場合は、例えば「～{する／である}が」のように示しています。これは「～するが」、「～であるが」という意味になります。

◎2級(上級)のレベルの目安と合格ライン

■レベルの目安

幅広い場面で使われる韓国・朝鮮語を理解し、それらを用いて表現できる。

・相手に対して失礼のないように表現を選び、適切にコミュニケーションを図ることができる。また用件的に複雑な依頼や謝罪、批判などに関しても、適切に表現を選択し目的を果たすことができる。
・単語や言い回し、イントネーションなどに現れる話し手の感情(ニュアンス)もほぼ理解することができる。
・公式な場面と非公式な場面に即した適切な表現の選択が可能である。
・幅広い話題について書かれた新聞や雑誌の記事・解説、平易な評論などを読んで内容を理解することができる。また、取り扱い説明書や契約書、請求書や見積書、広告やパンフレットなど実用的な文を読んで、その意味を具体的に把握することができる。
・連語、慣用句はもちろん、ことわざや頻度の高い四字熟語についても理解し、使用できる。
・南北の言葉の違いなども多少理解することができる。
※設問は韓国・朝鮮語

■合格ライン

●100点満点(聞取40点中必須16点以上、筆記60点中必須30点以上)中、
70点以上合格。

2級

全19ページ
聞きとり　20問/30分
筆　　記　50問/80分

2023年 春季 第59回
「ハングル」能力検定試験

【試験前の注意事項】

1）監督の指示があるまで、問題冊子を開いてはいけません。
2）聞きとり試験中に筆記試験の問題部分を見ることは不正行為となるので、充分ご注意ください。
3）この問題冊子は試験終了後に持ち帰ってください。
マークシートを教室外に持ち出した場合、試験は無効となります。

※CD 3などの番号はＣＤのトラックナンバーです。

【マークシート記入時の注意事項】

1）マークシートへの記入は「記入例」を参照し、ＨＢ以上の黒鉛筆またはシャープペンシルではっきりとマークしてください。ボールペンやサインペンは使用できません。
訂正する場合、消しゴムで丁寧に消してください。
2）氏名、受験地、受験地コード、受験番号、生まれ月日は、もれのないよう正しく記入し、マークしてください。
3）マークシートにメモをしてはいけません。メモをする場合は、この問題冊子にしてください。
4）マークシートを汚したり、折り曲げたりしないでください。

※試験の解答速報は、6月4日の全級試験終了後（17時頃）、協会公式ＨＰにて公開します。
※試験結果や採点について、お電話でのお問い合わせにはお答えできません。

◆次回 2023年 秋季 第60回検定：11月12日（日）実施◆

問 題

듣기 문제

듣기 시험 중에 필기 문제를 풀지 마십시오.

04

1

들으신 문장의 내용과 일치하는 것을 하나 고르십시오.
(마크시트의 1번～3번을 사용할 것) 〈2点×3問〉

05

1）＿＿＿＿＿＿＿＿＿＿＿＿＿＿＿＿＿＿＿＿ マークシート 1

①＿＿＿＿＿＿＿＿＿＿＿＿＿＿＿＿＿＿＿＿

②＿＿＿＿＿＿＿＿＿＿＿＿＿＿＿＿＿＿＿＿

③＿＿＿＿＿＿＿＿＿＿＿＿＿＿＿＿＿＿＿＿

④＿＿＿＿＿＿＿＿＿＿＿＿＿＿＿＿＿＿＿＿

06

2）＿＿＿＿＿＿＿＿＿＿＿＿＿＿＿＿＿＿＿＿ マークシート 2

①＿＿＿＿＿＿＿＿＿＿＿＿＿＿＿＿＿＿＿＿

②＿＿＿＿＿＿＿＿＿＿＿＿＿＿＿＿＿＿＿＿

③＿＿＿＿＿＿＿＿＿＿＿＿＿＿＿＿＿＿＿＿

④＿＿＿＿＿＿＿＿＿＿＿＿＿＿＿＿＿＿＿＿

問　題

07

3）＿＿＿＿＿＿＿＿＿＿＿＿＿＿＿＿＿＿＿＿　マークシート 3

①＿＿＿＿＿＿＿＿＿＿＿＿＿＿＿＿＿＿＿＿

②＿＿＿＿＿＿＿＿＿＿＿＿＿＿＿＿＿＿＿＿

③＿＿＿＿＿＿＿＿＿＿＿＿＿＿＿＿＿＿＿＿

④＿＿＿＿＿＿＿＿＿＿＿＿＿＿＿＿＿＿＿＿

問　題

08

2 대화를 듣고 다음에 이어질 내용으로 가장 알맞은 것을 하나 고르십시오.

(마크시트의 4 번～6 번을 사용할 것)　〈2点×3問〉

09

1）여 : ------------------------------------

남 : ------------------------------------

여 : ------------------------------------

남 : (マークシート 4)

①------------------------------------

②------------------------------------

③------------------------------------

④------------------------------------

問　題

10

2）남：

여：

남：（マークシート 5）

①

②

③

④

11

3）여：

남：

여：

남：（マークシート 6）

①

②

③

④

問 題

12

3 대화문을 듣고 물음에 답하십시오.
(마크시트의 7번～9번을 사용할 것) 〈2点×3問〉

13

1) 여자의 주장으로 맞는 것을 하나 고르십시오. マークシート 7

여 : ______________________________
____
남 : ______________________________
____
여 : ______________________________

① 제 분수를 알아야 한다.
② 내 코가 석자다.
③ 찬물도 위아래가 있는 법이다.
④ 피는 물보다 진하다.

問　題

15

2）남자의 주장으로 맞는 것을 하나 고르십시오.　マークシート 8

남 : --

여 : --

남 : --

----

① 예산을 초과해도 편리함이 우선이다.

② 집의 방향이 가장 중요하다.

③ 공간 활용이 잘된 집이 더 좋다.

④ 치안이 어떠한지 잘 봐야 한다.

問 題

3) 남자의 생각으로 맞는 것을 하나 고르십시오. マークシート 9

남 : ______________________________

여 : ______________________________

남 : ______________________________

____

여 : ______________________________

① 일과 인간 관계는 균형을 이루어야 한다.
② 회사는 성과를 거둬야만 하는 곳이다.
③ 건강해야 좋은 결과가 따르게 된다.
④ 눈치를 잘 봐야 승진할 수 있다.

問　題

19

문장을 듣고 물음에 답하십시오.
(마크시트의 10번～12번을 사용할 것)　〈2点×3問〉

20

1) 문장의 요지로 맞는 것을 하나 고르십시오.　マークシート 10

① 한류 관련 수출이 제자리 걸음을 하고 있다.
② 한류의 영향력이 수치로 확인됐다.
③ 한류의 효과가 고용 증대로 이어졌다.
④ 설문 조사를 통해 한류의 영향을 알 수 있었다.

問　題

22

2) 문장의 내용과 일치하는 것을 하나 고르십시오.　マークシート 11

① 갓길에 서 있거나 걸어 다니는 것은 위험하다.

② 위급한 상황이더라도 갓길 주차는 위법 행위이다.

③ 교통 체증 시 갓길 통행이 가능하다.

④ 차량 이상 시에는 갓길 이용이 허용된다.

問　題

24

3）문장의 내용과 일치하는 것을 하나 고르십시오. マークシート 12

① 인터넷에 과다하게 의존하는 초등학생이 급증하고 있다.
② 청소년의 인터넷 의존 치료는 무료로 진행된다.
③ 여자 청소년의 스마트폰 사용은 오히려 줄어들었다.
④ 중학생보다 고등학생의 스마트폰 의존이 심각하다.

問　題

◀)) 26

5 대화문을 들으신 다음에 【물음 1】~【물음 2】에 답하십시오.
(마크시트의 13번~14번을 사용할 것)　〈2点×2問〉

◀)) 27

남 : ______________________________

____

여 : ______________________________

____

남 : ______________________________

여 : ______________________________

____

남 : ______________________________

여 : ______________________________

【물음 1】 여자의 생각으로 맞는 것을 하나 고르십시오. マークシート 13

① 기성세대가 현재의 젊은 세대의 문제에 책임을 져야 한다.
② 현재 젊은 영화인들이 더 분발하기를 바란다.
③ 과거보다 상황은 나아졌는데도 젊은이들의 의지는 약해졌다.
④ 젊은 영화인에게 물질적인 것보다는 정신적인 것이 중요하다.

【물음 2】 대화의 내용과 일치하는 것을 하나 고르십시오.

マークシート 14

① 영화에서는 세대 간의 갈등을 다루고 있다.
② 법적인 문제로 제작이 늦어져 손해가 발생했다.
③ 1970년대는 문제는 있었지만 희망도 있었다.
④ 젊은 세대는 사회 문제와 끊임없이 싸우고 있다.

問 題

◀)) 28

6 문장을 들으신 다음에【물음 1】~【물음 2】에 답하십시오.
(마크시트의 15번~16번을 사용할 것) 〈2点×2問〉

【물음 1】 문장의 제목으로 가장 알맞은 것을 하나 고르십시오.

マークシート 15

① 새로운 사업 모델의 제안
② 급변하는 사회의 문제점
③ 삶에 대한 태도의 변화
④ 복리 후생의 중요성

問 題

【물음 2】 문장의 내용과 일치하는 것을 하나 고르십시오.

マークシート 16

① 60대들은 인터넷 사용이 일상화되어 있다.

② 건강에 대한 지나친 염려는 좋지 않다.

③ 의료비 등 가계의 부담이 늘어나고 있다.

④ 삶에 대한 만족도가 세대 간에 큰 차이를 보인다.

問　題

30

7 문장을 듣고 괄호 부분의 일본어 번역으로 맞는 것을 하나 고르십시오.

(마크시트의 17번～20번을 사용할 것)　〈2点×4問〉

31

1）네 아버지가 저리（　　　　　　　）　マークシート **17**

① 頑固な性格だけど懐が深い人だ。

② 不愛想に見えるが気が利く人だ。

③ ぶっきらぼうに見えても思慮深い人だ。

④ 落ち着いて見えても気が短い人だ。

32

2）（　　　　　　　）들어선지 눈에 생기가 돌기 시작했다.

マークシート **18**

① 気が引ける話を

② 好みに合う話を

③ 食欲の出る話を

④ 興味が湧く話を

問　題

33

3）과거에（　　　　　　　　　　　）세월 앞에선 장사가 없네요.

マークシート 19

① 話題をさらっていた選手も
② 若かった選手も
③ 飛んだりはねたりした選手も
④ ずば抜けていた選手も

34

4）10년이나 기다리던 소식이 왔는데（　　　　　　　　　　　）

マークシート 20

① 嬉しいばかりとは言えません。
② 嬉しいと思いますか。
③ 嬉しい訳ではありません。
④ 嬉しい限りです。

問　題

필기 문제

필기 시험 중에 듣기 문제를 풀지 마십시오.

1

(　　) 안에 들어갈 말로 가장 알맞은 것을 하나 고르십시오.
(마크시트의 1번～10번을 사용할 것)　〈1点×10問〉

1) 그 배우는 이번 논란에 대해 모두 자신의 (マークシート 1)에 의한 것이라며 사과했다.

① 불찰　② 분발　③ 선도　④ 단서

2) 선물로 받은 치마가 좀 길길래 (マークシート 2)을 줄여 입었어요.

① 볼품　② 토막　③ 주름　④ 기장

3) 하루 세 끼 (マークシート 3) 챙겨 먹는데 보약이 무슨 필요가 있어요?

① 다짜고짜　② 꼬박꼬박　③ 이만저만　④ 바글바글

4) 정부는 전쟁 난민에 대한 인도적 지원 의지를 거듭 (マークシート 4).

① 피력했다　② 출시했다　③ 부결했다　④ 답습했다

問 題

5) 수상 소식을 듣자 작가는 아내의 손을 (マークシート 5) 감격의 눈물을 흘렸다.

① 사로잡고　② 들추고　③ 부여잡고　④ 싸고돌고

6) 지난주 요리 교실에서는 평소에 접해 보지 못했던 (マークシート 6) 외국 음식을 직접 만들어 보는 시간을 가졌어요.

① 인색한　② 미진한　③ 생소한　④ 극진한

7) 저 작품을 보면 몸이 하늘에 (マークシート 7) 떠 있는 듯한 자유로움이 느껴져요.

① 두둥실　② 휘휘　③ 스르르　④ 팔팔

8) 세 살(マークシート 8) 아들이 그린 할머니 그림이 너무 귀여워서 웃음이 났다.

① 치레　② 들이　③ 어치　④ 배기

9) 파김치가 되도록 일하고 집에 돌아와서는 코를 (マークシート 9) 잤어요.

① 돌며　② 달며　③ 갈며　④ 골며

問題

10) 선수들이 경기장에 입장하자 관중들은 일제히 함성을 (マークシート10) 박수를 쳤다.

① 부르며　② 지르며　③ 뱉으며　④ 맞으며

2 (　　) 안에 들어갈 말로 가장 알맞은 것을 하나 고르십시오. (마크시트의 11번~14번을 사용할 것)　〈1点×4問〉

1) 이번 선거의 후보들은 (マークシート11) 집값 문제를 해결하겠다고 공약을 내걸었다.

① 기가 차도　② 땅을 치더라도
③ 하늘이 두 쪽 나도　④ 뒷짐을 지더라도

2) 요즘 세상에 직원들 (マークシート12)고 갑자기 회의실로 불러내 혼을 내는 게 말이 돼요?

① 숨을 돌린다　② 속을 터놓는다
③ 군기를 잡는다　④ 등골을 빼먹는다

3）마흔이라는 적지 않은 나이에 다시 학업에 도전하여 (マークシート13)
하며 대학 생활에 적응해 나가고 있어요.

① 박장대소　② 미사여구　③ 자수성가　④ 좌충우돌

4）(マークシート14)는데, 선배는 뭐든 타협하거나 적당히 할 줄
몰라서 걱정이다.

① 배보다 배꼽이 더 크다　② 모난 돌이 정 맞는다
③ 핑계 없는 무덤이 없다　④ 길고 짧은 건 대어보아야 안다

3 밑줄 친 부분과 바꾸어 쓸 수 있는 것을 하나 고르십시오.
(마크시트의 15번～18번을 사용할 것)　〈1点×4問〉

1）학창 시절, 소심했던 나에게 <u>거리낌없이</u> 다가왔던 세 명의
친구를 잊을 수 없다.　マークシート15

① 스스럼없이　② 어이없이
③ 터무니없이　④ 난데없이

2） A：아침 드라마에 나오는 주연 여배우 있잖아요. 정말 예쁘더라고요.
B：맞아요. 얼마나 고운지, 넋을 놓고 바라보게 돼요.

マークシート 16

① 부질없이　② 멍하니
③ 시큰둥히　④ 심란하게

3） 인천시가 적극 행정을 추진함에 따라, 그동안의 소극적이고 몸을 사리던 행정 관행이 개선될 것으로 기대된다.

マークシート 17

① 명실상부의　② 비일비재의
③ 시기상조의　④ 복지부동의

4） A：우리 학교 교육은 의문을 갖고 깊이 파고 들지 않아요.
B：네, 주먹구구식으로 암기만 해도 점수는 받을 수 있잖아요.

マークシート 18

① 수박 겉 핥기　② 손 안 대고 코 풀기
③ 도토리 키 재기　④ 누워서 떡 먹기

問 題

4 (　　) 안에 들어갈 말로 가장 알맞은 것을 하나 고르십시오.
(마크시트의 19번～22번을 사용할 것)　　〈1点×4問〉

1） 아침에 시작한 회의가 종일(マークシート19) 이어졌다.

① 마따나　② 만치도　③ 토록　④ 깨나

2） 뒤늦게 결혼을 (マークシート20) 동서 중에서 나이가 제일 많았다.

① 한데야　② 한지라　③ 한답시고　④ 한다느니

3） A：단백질 보충에 좋은 음식으론 뭐가 있을까요?
B：돼지고기가 좋다니깐. 돼지 껍데기는 피부 건강에도 (マークシート21).

① 좋구랴　② 좋게나　③ 좋다마는　④ 좋다더구만

4） 사계절 전국을 누비는 등산은 (マークシート22) 정신과 육체 건강에 많은 도움이 됩니다.

① 즐겁기도 하려니와　② 즐거운 셈 치고는
③ 즐겁기로 들면　④ 즐거운 판국에

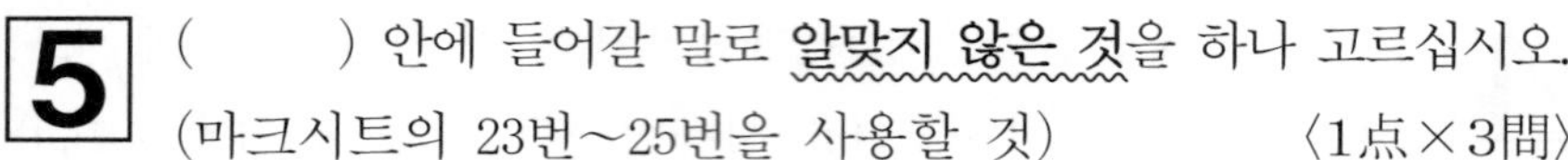

5 （　　）안에 들어갈 말로 알맞지 않은 것을 하나 고르십시오.
(마크시트의 23번～25번을 사용할 것) 〈1点×3問〉

1）딸네 집에 가 있는 동안 집에 있던 비싼 물건들이
(マークシート23) 사라졌다지 뭐예요.

① 깡그리　② 싹　③ 모조리　④ 섣불리

2）어떤 목적에 (マークシート24) 결정을 하기 위하여 서로 의논하는 것을 협상이라고 한다.

① 걸맞는　② 부합되는　③ 밑지는　④ 합치되는

3）요 몇 년간 국가의 재정이 이처럼 (マークシート25) 해외 방문이 웬 말입니까?

① 어려운 마당에　② 어려운 탓에
③ 어려운 형편에　④ 어려운 판에

6 다음 문장들 중에서 **틀린 것**을 하나 고르십시오.

(마크시트의 26번～27번을 사용할 것)　〈1点×2問〉

1）　マークシート 26

① 신제품을 이미 사는 사람은 후회하고 있을 거예요.
② 저는 목이 마를 때마다 코를 긁곤 해요.
③ 오늘처럼 맑은 날에는 어딘가로 나가고 싶지 않아요？
④ 더 맛있게 드시려면 끓는 물에 살짝 데치세요.

2）　マークシート 27

① 반 친구들에게 별명을 지어 주는 게 그의 특기 중 하나다.
② 만날 때마다 새로운 조건을 다는 바람에 질려 버렸다.
③ 계절이 바뀌어 기분 전환 겸 새로 산 커튼을 붙였다.
④ 같은 범행을 저지르다가 결국 꼬리가 잡혔다.

問　題

7 모든 (　　　) 안에 공통으로 사용할 수 있는 말로 가장 알맞은 것을 하나 고르십시오.
(마크시트의 28번～29번을 사용할 것)　〈2点×2問〉

1) ・시험이 끝나니 (　　　) 날아갈 것만 같다.
・과거의 일은 이제 (　　　) 털어버리고 새출발하자.
・집에 가자마자 옷을 (　　　) 벗어던지고 잠을 잤어요.

マークシート **28**

① 홀딱　② 훌훌　③ 탁탁　④ 슬슬

2) ・어제 한 밥이 다 (　　　) 어떡하죠?
・목소리가 (　　　) 무슨 말을 하는지 도무지 알아들을 수 없다.
・숨을 (　　　) 소리마저도 너무 사랑스럽다.

マークシート **29**

① 쉬다　② 변하다　③ 타다　④ 참다

8 다음 문장들 중에서 한글 표기가 **틀린 것**을 하나 고르십시오.
(마크시트의 30번～32번을 사용할 것)　〈1点×3問〉

1）　マークシート30

① 지난 밤 아기 물개가 발견돼서 사람들의 관심을 모으고 있다.
② 빨래를 널려고 했는데 집개가 모자라서 가져 왔어요.
③ 짐을 얹어 사람이 등에 지는 운반 기구를 지게라 하지요.
④ 성게가 제철을 맞아 불티나게 팔리고 있다.

2）　マークシート31

① 어색한 자리의 분위기를 띠우는 방법 정도는 알고 있다.
② 우산을 씌워 주는 두 사람의 다정한 모습이 사진에 찍혔다.
③ 붉은 색을 띤 저녁노을이 오늘따라 더 아름다워 보였다.
④ 촬영 금지 구역이라고 쓰인 종이가 붙었다.

3）　マークシート32

① 그 배우의 영어 실력이 이번 영화에서 진가를 발휘했다.
② 어려운 여건 속에서도 좌절하지 않고 끊임없이 노력했다.
③ 낡은 옷으로도 맵시를 낼 줄 아는 참신함에 모두 감탄했다.
④ 말성만 부리던 아이가 이제는 어엿한 사회인이 됐다.

9 (　　　) 안에 들어갈 표현으로 가장 알맞은 것을 하나 고르십시오.

(마크시트의 33번~36번을 사용할 것)　　　〈1点×4問〉

1) A : 신은 모든 사람을 사랑하십니다. 너무 괴로워 마세요.
B : 저 같은 사람도 사랑받을 자격이 있을까요?
A : 사랑에 조건을 붙이면 그건 거래라 불러야겠죠.
(マークシート33)
B : 그 말을 들으니 좀 마음이 놓이네요.

① 받아들이는 상대방도 중요하지만요.
② 이해를 따지는 게 아니에요.
③ 지금의 고통을 참아야만 해요.
④ 원인부터 천천히 찾아봅시다.

2) A : 야 저거 봐. 저 화장품 또 나왔어.
B : 예쁘긴 한데 너무 대놓고 광고하니까 좀 그렇다.
A : 아무리 드라마 제작비가 많이 든다고 저래도 되나?
B : 배우들 출연 여부까지 광고 회사의 허락을 받는다는 소리도 있어.
A : (マークシート34)
B : 맞아. 하나만 알고 둘은 모르는 거지.

① 요즘 스타들의 인기가 하늘을 치솟을 기세네.
② 입소문 타기 시작하면 광고 효과도 커지겠네.
③ 이렇게 되면 오히려 제품에 대한 신뢰감이 떨어질 수 있지 않나?
④ 화장품말고 명품이나 차를 노출시키는 게 효과가 좋을 텐데.

3) A：아까부터 뭘 그렇게 하고 있어?
B：휴대폰을 새로 사서 액정 보호 필름을 붙이려는데 좀 어렵네.
A：여기 봐. 먼지가 너무 많이 들어갔잖아.
B：카메라 구멍도 잘 맞지 않아. 어떡하지?
A：(マークシート35)
B：그렇구나. 지금 다시 해 볼게.

① 내가 잘하니까 맡겨 봐.
② 얼마 안 하니까 한 장 더 사 봐.
③ 시간이 지나면 잘될 거야.
④ 테두리를 잘 확인하고 붙이면 돼.

4) A：어제 찾아간 세탁물에 얼룩이 남아 있어서 왔습니다.
B：정말 죄송합니다, 고객님. 즉시 세탁물 사고로 처리해 드리겠습니다.
A：(マークシート 36)
B：얼룩 제거 과정에서 세탁물이 훼손될 수도 있으니 보상을 해 드리면 어떨까요?

① 보상금 지급 절차는 어떻게 진행되나요?
② 세제 냄새도 이상하니 교환해 주십시오.
③ 아끼는 옷이라서 꼭 얼룩을 제거해 주셨으면 하는데요.
④ 그러면 번거로워지니까 그냥 가져가서 입을게요.

10 다음 글을 읽고 【물음】에 답하십시오.
(마크시트의 37번~38번을 사용할 것) 〈1点×2問〉

1)

노벨 물리학상 120년 역사상 처음으로 기상학 분야에서 수상자가 나왔다. 이들은 반세기 이상 기후 변화 연구에 매진해 지구 온난화 예측 가능성을 높였다. 노벨 물리학상은 그동안 좁게는 물리학, 넓게는 천문학과 지구 과학에 집중했다. 그런데 왜 지금 기상학일까? 전문가들은 인류와 지구의 공존*을 서둘러 모색해야만 기후 붕괴를 막을 수 있는 절박한 상황이라고 경고한다.

*) 공존：共存

【물음】 이 글의 내용과 일치하는 것을 하나 고르십시오. マークシート37

① 반세기 만에 기상학 분야에서 노벨상 수상자가 나왔다.
② 기후 변화의 위기를 막는 것이 시급한 상황이다.
③ 지구 과학은 일찍부터 인류와 지구의 공존을 모색해 왔다.
④ 물리학의 연구분야가 천문학과 지구 과학에서 기상학으로 바뀌었다.

2)

우리는 눈앞에 있는 삼계탕집으로 들어갔다. 나름 그 결정에 서로 만족한 듯 밝은 표정으로 마주 앉았다. 집에서 밥을 먹을 때는 나란히 앉는 편이다. 마주 보자 남편이 많이 늙어 보였다. 불현듯 한 친구의 말이 떠오른다. 마주 보고 앉으면 단점만 보여서 싸우게 된단다. 이런 내 심사를 아는지 모르는지, 메뉴판을 보고도 결정 없이 내 판단에 맡기고 있는 사람이 야속하다.

【물음】 이 글의 내용과 일치하는 것을 하나 고르십시오. マークシート38

① 부부는 삼계탕집에 만족하는 척했다.
② 부부는 집에서 마주 보며 밥을 먹을 때가 많다.
③ 남편은 옆모습에 비해 앞모습이 늙어 보인다.
④ 남편은 아내가 골라 주는 음식을 먹으려고 한다.

問 題

11 다음 글을 읽고 【물음 1】~【물음 2】에 답하십시오.
(마크시트의 39번~40번을 사용할 것) 〈2点×2問〉

인간이 물 다음으로 가장 많이 소비하는 자원은 모래와 자갈이다. '골재'로 불리는 이 자원의 사용량은 지난 20년간 약 3배 증가해 2019년 기준 연간 최대 500억 톤에 이를 것으로 추정된다. (A) 이에 따라 모래를 전략적 자원으로 인식하고, 대체재 사용과 재활용 등을 통해 모래 사용을 줄여야 할 필요성도 대두되고 있다. (B) 모래는 건축물을 짓기 위한 골재 및 반도체 제조와 같은 첨단 산업의 소재 등으로 활용되는 것을 넘어, 지구의 환경과 생태계 서비스 유지에 중요한 기능을 수행하기 때문이다. (C) 과도한 모래 채취에 따른 피해는 이미 세계 곳곳에서 나타나고 있다. (D) 해안과 강의 침식, 삼각주* 축소, 생물 다양성 악화 등이 그 사례이다.

*) 삼각주 : 三角州

問 題

【물음 1】 본문에서 다음 문장이 들어갈 위치로 가장 알맞은 것을 하나 고르십시오. マークシート39

문제는 앞으로 인구 증가와 도시화에 따른 모래 수요가 계속 늘어날 것이라는 점이다.

① (A) ② (B) ③ (C) ④ (D)

【물음 2】 이 글의 주제로 알맞은 것을 하나 고르십시오. マークシート40

① 모래 수요의 급증에 따른 자원 개발 문제
② 첨단 산업의 소재에 있어서의 모래의 역할
③ 모래 자원의 전략적 사용의 필요성
④ 지구 환경과 생태계 유지에 있어서 모래의 기능

12 다음 글을 읽고【물음 1】~【물음 2】에 답하십시오.
(마크시트의 41번~42번을 사용할 것) 〈2点×2問〉

〔북(北)의 문헌에서 인용〕

숲속은 신비의 세계같았다. 향긋한 송진*내가 풍기는 숲속에 들어서면 동화에서처럼 풀사이를 비집고 신비한 이야기가 튀여나올것만 같다. 평평한 바위우에 털썩 주저앉은 승제는 도토리배낭을 벗었다. 도토리를 줏느라 반나절동안 산들을 누비고 다니니 배가 출출해났다. 그는 도토리가 그득한 배낭을 툭 쳤다.

(오늘은 첫물이래서 내가 수고를 했지만 다음번엔 두어시간이면 채울걸.)

정말 그럴것이다. 이제 도토리가 본격적으로 익기 시작할때면 덕양골의 봉마다 윤기가 반질반질한 도토리가 쭉 깔린다. 어디 그뿐이겠는가. 머루를 비롯한 산과일들이 저마다 사람들을 부른다. 봄은 또 어떠한가. 겨울내내 잠자던 숲속에 봄바람이 산들거리면 고사리같은 산나물들이 저마다 고개를 살며시 치켜들며 기지개를 켠다. ㊶<u>덕양골사람들은 주변산들을 보물산이라고 불렀다</u>.

*) 송진 : 松やに

問題

【물음 1】 41 덕양골사람들은 주변산들을 보물산이라고 불렀다의 이유로 알맞은 것을 하나 고르십시오. マークシート41

① 숲이 동화 속 세계처럼 신비로워서
② 산과일들이 보석처럼 윤기가 나서
③ 봄바람이 불면 향긋한 냄새가 나서
④ 산에 여러 가지 먹을 것이 풍부해서

【물음 2】 이 글의 내용과 **일치하지 않는 것**을 하나 고르십시오. マークシート42

① 승제는 덕양골 산에 대해 애정을 갖고 있다.
② 승제는 산을 누비며 도토리를 주웠다.
③ 덕양골 산에는 도토리 나무가 금세 자란다.
④ 덕양골 산에서는 여러 산나물들을 채취할 수 있다.

問題

13 밑줄 친 부분을 문맥에 맞게 정확히 번역한 것을 하나 고르십시오.
(마크시트의 43번~46번을 사용할 것)　〈1点×4問〉

1） 자금 문제를 해결하겠다고 <u>혼자서 고민한들 더 괴로워질 뿐이다.</u> マークシート43

① 一人で悩んでいたら、さらに苦しくなった。
② 一人で悩んだところで、さらに苦しくなるだけだ。
③ 一人で悩めば悩むほど、さらに辛くなる。
④ 一人で悩んだあげく、辛さに耐えられなくなった。

2） <u>법원의 판결에 의하면 압류의 대상에서</u> 최저 생계비는 제외된다. マークシート44

① 裁判所の判決によると、差押えの対象から
② 法人の判定によると、押収の対象から
③ 裁判所の判断によると、圧力の対象から
④ 法人の仲裁によると、斡旋(あっせん)の対象から

3） 급격한 환율 변동으로 인한 외환 시장 안정을 위해 정부의 조치가 내려졌다. マークシート45

① 為替(かわせ)レートの変動による外国為替市場の安定のため
② 通貨の変動に基づいてドル円相場の安定化を図り
③ 借入金利の変動による外債市場の安定のため
④ 利益率の変動に基づいて外貨市場の安定化を図り

4） 선배는 외모와 달리 털털한 성격을 가졌지만 가끔 오해를 받기도 해요. マークシート46

① 見た目と異なる短気な人なのですが
② 容姿と違って几帳面(きちょうめん)で気難しい人なのですが
③ 見かけによらぬ細やかな性格の持ち主なのですが
④ 外見と違って大らかな性格なのですが

問　題

14 밑줄 친 부분을 문맥에 맞게 정확히 번역한 것을 하나 고르십시오.
(마크시트의 47번～50번을 사용할 것)　〈2点×4問〉

1）突然発症するぎっくり腰は<u>ズキズキとした痛みが持続します。</u>

マークシート47

① 폭신폭신한 고통이 지속합니다.
② 부들부들한 아픔이 지속합니다.
③ 욱신욱신한 통증이 지속됩니다.
④ 간질간질 느끼는 엄살이 지속됩니다.

2）<u>彗星(すいせい)のように現れた作家の次作に</u>みんなの関心が寄せられている。

マークシート48

① 수성과 같이 등장한 작가의 차기작에
② 별똥별과 같이 나타난 작자의 차기작에
③ 혜성처럼 나타난 작가의 다음 작품에
④ 위성처럼 등장한 작자의 다음 작품에

問　題

3）今期の業績が芳(かんば)しくないので、新規事業への参入も見送られた。

マークシート49

① 업적이 멀쩡하지 않아서
② 실적이 시원찮아서
③ 실적이 훈훈하지 않아서
④ 업적이 가당찮아서

4）無礼な行いには必ず代償が伴うことになる。 マークシート50

① 꼭 대상이 달려 있는 것이 된다.
② 항상 대체가 함께하게 된다.
③ 언제나 대행이 동반할 것이다.
④ 반드시 대가가 따르는 법이다.

解　答　（＊白ヌキ数字が正答番号）

聞きとり 解答と解説

1 短い文を聞いて、一致するものを選ぶ問題　〈各２点〉

1）아무리 비싸다고 해 봤자 얼마나 하겠어요?
→ どんなに高いと言ったところで、どれほどするでしょうか？

① 얼마가 들더라도 해야죠.
→ いくらかかってもやらなければなりません。

② 꽤 비싸다고들 하던데 얼마나 한대요？
→ なかなか高いと皆言っていましたけど、いくらするんですって？

❸ 그다지 비싸지 않을 거예요.
→ それほど高くはないでしょう。

④ 가격에 따라 살 사람이 다를 거예요.
→ 価格によって、買う人も違ってくるでしょう。

2）궁색한 변명은 더 이상 통하지 않아요.
→ 苦しい言い訳は、これ以上通じません。

① 승산 없는 변호는 부탁할 수 없어요.
→ 勝算のない弁護を頼むことは出来ません。

② 비겁한 구실을 듣고 싶지 않아요.
→ 卑怯な口実を聞きたくありません。

❸ 구차한 핑계는 받아들여지지 않아요.
→ つまらない言い訳は受け入れられません。

解　答

④ 빈곤해진 이유를 이해할 수 없어요.
→ 困窮するようになった理由を理解できません。

3）제 친구는 법 없이도 살 사람입니다.
→ わたしの友だちはとても真面目な人です。

① 친구는 규범을 잘 안 따르는 사람이다.
→ 友だちは規範をきちんと守らない人だ。

❷ 친구는 매우 양심적인 사람이다.
→ 友だちはとても良心的な人だ。

③ 친구는 아주 부지런한 사람이다.
→ 友だちはとても勤勉な人だ。

④ 친구는 법에 정통한 사람이다.
→ 友だちは法に精通した人だ。

2 正しい応答文を選ぶ問題　〈各２点〉

1）여：작가님, 원고 마감 때문에 전화드렸습니다.
남：아이고, 번번이 늦어 죄송합니다. 사흘만 더 시간을 주실 수 있으십니까?
여：그렇게 하시죠. 오늘이 6월 4일이니까.
남：(네, 7일까지 꼭 완성하겠습니다.)

[日本語訳]

女：作家先生、原稿の締め切りの件でお電話いたしました。

解　答

男：ああ、たびたび遅れてしまい申し訳ございません。あと3日だけ時間をいただけないでしょうか？

女：かしこまりました。今日が6月4日なので。

男：（はい、7日まで必ず完成させます。）

❶ 네, 7일까지 꼭 완성하겠습니다.
→ はい、7日まで必ず完成させます。

② 9일에는 보실 수 있을 겁니다.
→ 9日にはお読みになれると思います。

③ 네, 내일 밤에 다시 뵙죠.
→ はい、明日の晩にまたお会いしましょう。

④ 이번엔 너무 빡빡하시네요.
→ 今回はあまりにも余裕がないですね。

2）남：안색이 왜 그래요? 어디 아파요?

여：어지럽고 속도 울렁거려요. 정신 좀 맑아지게 서둘러 해장하고 올게요.

남：(그러게 어제 좀 덜 마시지 그랬어요.)

[日本語訳]

男：顔色がどうしたのでしょうか？　どこか悪いのですか？

女：めまいがして胃もむかむかします。頭がスッキリするように、急いで酔いを覚ましてきます。

男：（だから昨日、控えめに飲めばよかったじゃないですか。）

❶ 그러게 어제 좀 덜 마시지 그랬어요.
→ だから昨日、控えめに飲めばよかったじゃないですか。

解　答

② 그럼, 좋은 병원으로 안내할게요.

→ それならいい病院に案内します。

③ 그렇게 참는 게 좋겠네요.

→ そうやって我慢するのが良いでしょう。

④ 한바퀴 더 뛰고 오세요.

→ もう一回り走ってきてください。

3）여：어제 하루 종일 답장도 안 하고, 정말 삐친 거야?

남：누구신데 말을 거시죠? 친구들과 같이 있을 때는 외면하더니.

여：내가 잘못했어. 다음에 정식으로 소개할게.

남：(다음에 또 그러면 국물도 없을 줄 알아.)

［日本語訳］

女：昨日は一日中返信もしないで、本当にすねてるの？

男：どちら様でしたっけ？　友だちと一緒にいる時は無視しておいて。

女：わたしが悪かったわ。今度正式に紹介するわよ。

男：(次またそうしたら容赦しないよ。)

① 점심 말고 저녁 시간이 좋은데.

→ 昼ではなく夜がいいんだけれど。

② 꼬리가 길면 잡히니 앞으로 조심해.

→ 悪事を行えば必ず捕まるから、これからは気をつけな。

③ 간이 콩알만해져서 혼났잖아.

→ 肝を冷やして、痛い目にあったよ。

❹ 다음에 또 그러면 국물도 없을 줄 알아.

→ 次またそうしたら容赦しないよ。

解　答

3 対話文を聞いて、問いに答える問題(選択肢は活字表示) 〈各2点〉

1) 女性の主張として正しいものを選ぶ問題

여 : 우리 태연이, 못 본 사이에 키가 더 컸네. 입시 공부하느라 힘들지?
남 : 이모도 잘 지내시죠? 안 그래도 주머니가 좀 비었는데.
여 : 취직도 못 하고 있는 이모한테 그게 할 말이니?

[日本語訳]
女 : テヨン、見ない間に背がさらに伸びたわね。受験勉強大変でしょ?
男 : おばさんもお元気でしたか? そうじゃなくても懐が寂しいところでさ。
女 : 就職も出来ていないおばさんにそんなこと言うの?

① 제 분수를 알아야 한다. → 身の程を知らないといけない。
❷ 내 코가 석자다. → 自分のことで精一杯だ。
③ 찬물도 위아래가 있는 법이다. → 何事にも順序があるものだ。
④ 피는 물보다 진하다. → 血は水よりも濃い。

2) 男性の主張として適切なものを選ぶ問題

남 : 어제 본 집 어때요? 역에서도 가깝고 집 앞에 상가가 있어서 편리할 것 같은데요.
여 : 오늘 본 집이 남향인데다가 싸고 넓어서 마음에 들긴 하는데.
남 : 교통을 생각하면 좀 무리를 하더라도 3개 노선이 지나는 어제 본 집이 좋을 것 같은데요.

解　答

[日本語訳]

男：昨日見た家、どうですか？　駅からも近いし、家の前に商店街があって便利だと思いますよ。

女：今日見た家が南向きな上に、安くて広いから気に入ってはいるのですが。

男：交通の便を考えると少し無理してでも、３つの路線が通る昨日見た家の方がいいと思いますよ。

❶ 예산을 초과해도 편리함이 우선이다.
→ 予算をオーバーしても、利便性を優先する。

② 집의 방향이 가장 중요하다.
→ 家の向きが一番重要だ。

③ 공간 활용이 잘된 집이 더 좋다.
→ 空間の活用がよく出来た家の方がもっと良い。

④ 치안이 어떠한지 잘 봐야 한다.
→ 治安がどうなのか、よく確認しなければならない。

3）男性の考えとして正しいものを選ぶ問題

남：꼭두새벽부터 이게 뭔 난리래.

여：그러게. 뭘 잘못했다고 그리 깐깐하게 구는지.

남：우리 입장에선 꼬박 밤샌 게 억울해도 사장님께서는 결과가 중요하지 않겠어?

여：일도 일이지만 사람답게 대해 주는 게 우선이지.

[日本語訳]

男：朝っぱらから一体何の騒ぎだというんだ。

解　答

女：まったく。いったい何が間違っているからって、あんなにねちねちと細かく言ってくるんだろう。

男：我々の立場としては、ぶっとおしで徹夜するのがやりきれなくても、社長にとっては結果が重要なんだと思わないか？

女：仕事も大事だけど、まずは人間らしく接してくれることが先でしょ。

① 일과 인간 관계는 균형을 이루어야 한다.
→ 仕事と人間関係はバランスを保たなければならない。

❷ 회사는 성과를 거둬야만 하는 곳이다.
→ 会社は、成果を上げなくてならない場所だ。

③ 건강해야 좋은 결과가 따르게 된다.
→ 健康でいてこそ、良い結果がついてくるものだ。

④ 눈치를 잘 봐야 승진할 수 있다.
→ 顔色をちゃんと伺ってこそ昇進できる。

4 文章を聞いて、問いに答える問題(選択肢は活字表示)　〈各２点〉

1）文の要旨として適切なものを選ぶ問題

지난해 한류 관련 수출액이 15조 원에 육박하면서 한 해 전보다 증가한 것으로 조사됐습니다. 한류의 해외 인기와 대중화를 숫자로 나타낸 한류 현황 지수는 전년보다 4.9% 증가했습니다. 과거 한류 인기가 중하위권에 머문 국가들마저 한류 대중화가 일어난 결과입니다.

[日本語訳]

昨年の韓流関連の輸出額が15兆ウォンに迫り、一年前より増加したと

解　答

の調査結果が出ました。韓流の海外での人気と大衆化を数字で示した韓流の現況指数は、昨年より4.9%増加しました。過去韓流人気が中下位圏にとどまっていた国家ですら、韓流の大衆化が起きた結果です。

① 한류 관련 수출이 제자리 걸음을 하고 있다.
→ 韓流関連の輸出が足踏みをしている。

❷ 한류의 영향력이 수치로 확인됐다.
→ 韓流の影響力が数値として確認された。

③ 한류의 효과가 고용 증대로 이어졌다.
→ 韓流の効果が雇用増大につながった。

④ 설문 조사를 통해 한류의 영향을 알 수 있었다.
→ 設問調査を通して、韓流の影響を知ることが出来た。

2）内容一致問題

고속도로 갓길 이용이 허용되는 상황은 크게 세 가지이다. 구급차 등 긴급 차량의 이용과 고속도로 유지, 보수 공사를 위한 작업 차량, 그리고 사고가 나거나 고장으로 인해 갓길에 세운 경우이다. 운전 중 피곤이 몰려와 갓길에서 휴식을 취하거나, 차가 막힐 때 갓길로 달리는 것은 안 된다.

[日本語訳]

高速道路の路肩利用が許容される状況は大きく３つある。救急車など緊急車両の利用と、高速道路の維持、補修工事のための作業車両、そして事故が起きたり故障によって路肩に停める場合である。運転中疲れが押し寄せて路肩で休憩したり、渋滞時に路肩を走行してはいけない。

解　答

① 갓길에 서 있거나 걸어 다니는 것은 위험하다.
→ 路肩に立っていたり歩いたりするのは危険である。

② 위급한 상황이더라도 갓길 주차는 위법 행위이다.
→ 緊急を要する状況であれ路肩駐車は違法行為である。

③ 교통 체증 시 갓길 통행이 가능하다.
→ 交通渋滞時は路肩通行が可能である。

❹ 차량 이상 시에는 갓길 이용이 허용된다.
→ 車両の異常時は路肩利用が許される。

3）内容一致問題

청소년 5명 중 1명 정도가 인터넷이나 스마트폰에 지나치게 의존하는 것으로 나타났다. 특히 초등학생의 의존 비율이 크게 늘고 있다. 또한 남자 청소년이 위험 수준의 의존을 보이는 경우가 많은데, 정부는 청소년의 개인별 의존 정도에 맞춰 상담과 병원 치료, 기숙 치유 프로그램 등을 지원한다.

[日本語訳]

青少年の５人に１人程度が、インターネットやスマートフォンに過度に依存していることが分かった。特に小学生の依存率が大きく増えている。また、男子青少年が危険水準の依存を見せる場合が多いのだが、政府は青少年の個人別依存度に応じた相談と病院での治療、泊まり込みでの治癒プログラムなどを支援する。

❶ 인터넷에 과다하게 의존하는 초등학생이 급증하고 있다.
→ インターネットに過度に依存する小学生が急増している。

解 答

② 청소년의 인터넷 의존 치료는 무료로 진행된다.
→ 青少年のインターネット依存治療は無料で行われる。

③ 여자 청소년의 스마트폰 사용은 오히려 줄어들었다.
→ 女子青少年のスマートフォン利用はむしろ減少した。

④ 중학생보다 고등학생의 스마트폰 의존이 심각하다.
→ 中学生より高校生のスマートフォン依存が深刻である。

5 対話文を聞いて、2つの問いに答える問題(選択肢は活字表示)〈各2点〉

남：이번 영화는 60대가 되신 감독님이 바라본 젊은 세대의 '상황'이라는 생각이 들었습니다. 오랫동안 학생들을 가르쳤고, 젊은 영화인들과 함께 작업해 왔을 텐데 그들을 지켜보면서 어떤 생각이 드셨습니까?

여：기성세대이자 선생이라는 직업을 가졌던 입장에서 책임감을 느낄 수밖에 없죠. 현재의 상황이 희망적이지 않기 때문에 답답하지만, 개인적으로는 젊은 영화인들이 더 도전적이고 모험적이길 기대해요.

남：직접 20대를 겪은 70년대와는 상황이 많이 다른 셈일 텐데요.

여：그렇죠. 그때는 문제가 분명했고 싸울 대상이 있었죠. 쉽지는 않아도 앞으로 잘될 것이라는 희망이 있었고, 물질적으로도 내 삶이 나아질 거라는 확신도 가능했어요.

남：첫 시나리오와 설정이 바뀐 이유도 궁금합니다.

여：저작권 문제로 시간이 걸리면서 캐릭터가 명확해진 것 같아 다행이라 생각해요.

解　答

［日本語訳］

男：今回の映画は、60代になられた監督が見つめた若い世代の「状況」という思いがしました。長い間学生たちを教え若い映画人たちと共に作業してこられたはずですが、彼らを見守りながらどんな考えが浮かんだのでしょうか？

女：既成世代であり教師という職業だった立場から、責任を感じずにはいられません。現在の状況が希望的ではないのでもどかしいですが、個人的には若い映画人たちがもっと挑戦的で冒険的であることを期待します。

男：直接20代を過ごした70年代とは状況はずいぶん違うはずなのですが。

女：そうなんです。あの頃は問題が明確で戦う対象がいました。容易ではなくても将来良くなるはずだという希望がありましたし、物質的にも生活が良くなるだろうと確信することも可能でした。

男：当初のシナリオと設定が変わった理由も気になります。

女：著作権問題で時間がかかる中で、キャラクターが明確になったようで幸いだと思います。

【問１】 女性の考えとして正しいものを選ぶ問題

① 기성세대가 현재의 젊은 세대의 문제에 책임을 져야 한다.
→ 既成世代が現在の若者世代の問題に責任を負わなければならない。

❷ 현재 젊은 영화인들이 더 분발하기를 바란다.
→ 現在の若い映画人たちがさらに奮起することを願っている。

③ 과거보다 상황은 나아졌는데도 젊은이들의 의지는 약해졌다.
→ 過去より状況は良くなったが、若者の意志は弱くなった。

④ 젊은 영화인에게 물질적인 것보다는 정신적인 것이 중요하다.
→ 若い映画人には物質的なものより精神的なものが重要である。

解 答

【問２】 内容一致問題

① 영화에서는 세대 간의 갈등을 다루고 있다.
→ 映画では世代間の葛藤を扱っている。

② 법적인 문제로 제작이 늦어져 손해가 발생했다.
→ 法的な問題で製作が遅れ、損害が発生した。

❸ 1970년대는 문제는 있었지만 희망도 있었다.
→ 1970年代は問題もあったが希望もあった。

④ 젊은 세대는 사회 문제와 끊임없이 싸우고 있다.
→ 若い世代は社会問題と絶え間なく戦っている。

6 文章を聞いて、２つの問いに答える問題（選択肢は活字表示） 〈各２点〉

기술 혁신으로 의료 기술도 함께 발달하면서 인간의 수명은 하루가 다르게 늘어가고 있다. 지난 20년간 잘 먹고 잘 산다는 뜻의 웰빙이 거의 모든 산업에서 강조되었다지만, 전체 인구의 30%를 차지하는 60대들은 삶과 성취에 대한 만족도가 너무 낮았다. 경제력이 있고 인터넷에 익숙한 그들이 인생 후반에서라도 의미를 찾을 수 있는 것은 어쩌면 남은 동안 웰빙을 추구하는 것이 아니라, 죽음을 맞이하더라도 즐겁게 맞이하자는 뜻의 웰다잉을 선택하는 것으로 보인다. 고령 사회가 진행될수록 더 많은 것이 바뀔 것이다. 웰빙에서 웰다잉은 산업 변화의 작은 한 부분일지 모른다.

[日本語訳]

技術革新により医療技術も共に発達することで、人間の寿命は目覚

解　答

ましく伸びてきている。この20年間、良いものを食べ良い暮らしをするという意味のウェルビーイングがほぼ全ての産業において強調されてきたというが、全人口の30%を占める60代は、人生と成就に対する満足度がとても低かった。経済力がありインターネットに慣れ親しんでいる彼らが人生の後半においてでも意味を見出すことができるのは、もしかすると残りの期間ウェルビーイングを追求するのではなく、死を迎えるとて楽しく迎えようという意味のウェルダインを選択することのように思われる。高齢社会が進むにつれ、さらに多くのことが変わっていくであろう。ウェルビーイングからウェルダインは、産業の変化における小さな一部分なのかもしれない。

【問１】 文のタイトルとして最も適切なものを選ぶ問題

① 새로운 사업 모델의 제안 → 新しい事業モデルの提案
② 급변하는 사회의 문제점 → 急変する社会の問題点
❸ 삶에 대한 태도의 변화 → 人生に対する態度の変化
④ 복리 후생의 중요성 → 福利厚生の重要性

【問２】 内容一致問題

❶ 60대들은 인터넷 사용이 일상화되어 있다.
→ 60代はインターネットの利用が日常化している。
② 건강에 대한 지나친 염려는 좋지 않다.
→ 健康に対する過度な心配はよくない。
③ 의료비 등 가계의 부담이 늘어나고 있다.
→ 医療費など家計の負担が増加している。

解　答

④ 삶에 대한 만족도가 세대 간에 큰 차이를 보인다.

→ 人生に対する満足度は、世代ごとに大きな差が見られる。

7 正しい日本語訳を選ぶ問題（選択肢は活字表示）　〈各２点〉

1）네 아버지가 저리 (퉁명스럽게 보여도 속은 깊은 양반이다.)

→ あなたのお父さんは一見（ぶっきらぼうに見えても思慮深い人だ。）

① 頑固な性格だけど懐が深い人だ。

→ 고지식하지만 속이 깊은 분이다.

② 不愛想に見えるが気が利く人だ。

→ 무뚝뚝해 보이지만 눈치가 빠른 사람이다.

❸ ぶっきらぼうに見えても思慮深い人だ。

→ 퉁명스럽게 보여도 속은 깊은 양반이다.

④ 落ち着いて見えても気が短い人だ。

→ 차분해 보여도 성질이 급한 양반이다.

2）(구미가 당기는 이야기를) 들어선지 눈에 생기가 돌기 시작했다.

→ （興味が湧く話を）聞いたからなのか、目が活き活きし始めた。

① 気が引ける話を → 주눅 드는 이야기를

② 好みに合う話を → 취향에 맞는 이야기를

③ 食欲の出る話を → 입맛을 돋우는 이야기를

❹ 興味が湧く話を → 구미가 당기는 이야기를

解　答

3）과거에 (난다 긴다 하던 선수도) 세월 앞에선 장사가 없네요.
→ 過去に(ずば抜けていた選手も)時の流れは止められない。

① 話題をさらっていた選手も　→ 화제를 모은 선수도
② 若かった選手も　→ 젊었던 선수도
③ 飛んだりはねたりした選手も　→ 날고 뛰던 선수도
❹ ずば抜けていた選手も　→ 난다 긴다 하던 선수도

4）10년이나 기다리던 소식이 왔는데 (기쁘다뿐이겠어요?)
→ 10年も待ちわびた知らせが届いて(嬉しい限りです。)

① 嬉しいばかりとは言えません。→ 기쁘다고만 할 수 없어요.
② 嬉しいと思いますか。　→ 기쁘다고 생각하세요?
③ 嬉しい訳ではありません。　→ 기쁜 건 아니에요.
❹ 嬉しい限りです。　→ 기쁘다뿐이겠어요?

解　答　（＊白ヌキ数字が正答番号）

筆記 解答と解説

1 空欄補充問題（語彙問題）　〈各１点〉

1）그 배우는 이번 논란에 대해 모두 자신의 (불찰)에 의한 것이라며 사과했다.

→ あの俳優は今回の議論について、全て自身の(不手際)によるものであると謝罪した。

❶ 불찰　→〈不察〉手落ち、不注意、不手際

② 분발　→〈奮発〉奮発、発奮

③ 선도　→〈先導〉先導

④ 단서　→〈端緒〉糸口、端緒、手がかり

学習P 適切な漢字語名詞を選ぶ問題。正答①の불찰は、잘못「誤り、過ち、間違い」・실수「ミス、過ち、間違い、失敗」とよく似た意味で、謝るとき이게 다 제 불찰입니다「すべて私の不手際です」のように使うことが多い。②の분발と③の선도は、それぞれ－하다の形でよく使われる。

2）선물로 받은 치마가 좀 길길래 (기장)을 줄여 입었어요.

→ プレゼントでいただいたスカートが少し長いので(丈)を短くして着ました。

① 볼품 → 外見、体裁、格好　② 토막 → 切れ端、断片

③ 주름 → しわ、折り目、ひだ　❹ 기장 →（衣服の）丈、着丈

学習P 適切な固有語名詞を選ぶ問題。正答④の기장は기장이 길다「丈が長い」기장이 짧다「丈が短い」、기장을 늘리다「丈を長くする」기장을 줄이다「丈を短くする」の形で使われる。①の볼품は볼품(이) 없다「見た目が悪い」、②の토막は토막(을) 내다「ぶつ切りにする」の形でよく使われる。

第59回 筆記 解答と解説

解　答

3）하루 세 끼 (꼬박꼬박) 챙겨 먹는데 보약이 무슨 필요가 있어요?

→ 一日３食(欠かさず)しっかり食べているのに、強壮剤を飲む必要がありますか？

① 다짜고짜 → いきなり、有無を言わさず、むやみやたらに

❷ 꼬박꼬박 → 欠かさず、きちんきちんと

③ 이만저만 → ちょっとやそっとの、並大抵の

④ 바글바글 → ぐらぐら(と)、うじゃうじゃ(と)

学習P 適切な副詞を選ぶ問題。正答②の꼬박꼬박は「あることを一度も欠かさずにやり続けるさま」を表す副詞。꼬박と言うと、「ぶっとおして、まるまる」の意味で꼬박 사흘이 걸렸다「まるまる３日かかった」のように使われるため注意しよう。

4）정부는 전쟁 난민에 대한 인도적 지원 의지를 거듭 (피력했다).

→ 政府は戦争難民に対する人道的支援の意志を重ねて(示した)。

❶ 피력했다 → 〈披瀝-〉述べた、打ち明けた、示した

② 출시했다 → 〈出市-〉発売した、リリースした

③ 부결했다 → 〈否決-〉否決した

④ 답습했다 → 〈踏襲-〉踏襲した、受け継いだ

学習P 適切な漢字語動詞を選ぶ問題。正答①の피력하다は「打ち明ける」の意味で、견해를 피력하다「見解を示す」、수상 소감을 피력하다「受賞の感想を表明する」のように使われる。

5）수상 소식을 듣자 작가는 아내의 손을 (부여잡고) 감격의 눈물을 흘렸다.

→ 受賞の知らせを聞いた作家は、妻の手を(握りしめ)感激の涙を流した。

① 사로잡고 → 生け捕って、(心を)とらえて、ひきつけて

② 들추고　→ あばいて、暴露して

解　答

❸ 부여잡고 → ひっつかんで、握りしめ

④ 싸고돌고 → かばい、庇護し

学習P 適切な固有語動詞を選ぶ問題。正答③の부여잡다は両手でしっかり掴む様子を表す他動詞。

6）지난주 요리 교실에서는 평소에 접해 보지 못했던 (생소한) 외국 음식을 직접 만들어 보는 시간을 가졌어요.

→ 先週の料理教室では、普段接することがなかった(馴染みが薄い)外国の食べ物を直接作ってみる時間を設けました。

① 인색한 → けち臭い

② 미진한 → 至らない、尽きない

❸ 생소한 → 見慣れない、不慣れな

④ 극진한 → とても真心がこもっている、非常に手厚い

学習P 適切な形容詞を選ぶ問題。正答③の생소하다は낯설다「見慣れない」の類似語で、問題文では평소에 접해 보다「普段接する」の対義の意味で使われている。

7）저 작품을 보면 몸이 하늘에 (두둥실) 떠 있는 듯한 자유로움이 느껴져요.

→ あの作品を見ると体が空に(ふわふわ)浮いているような自由さが感じられます。

❶ 두둥실 → ふんわり、ぷかぷか

② 휘휘　 → くるくる；びゅんびゅん

③ 스르르 → するすると；そよそよと；うつらうつら

④ 팔팔　 → ぐらぐらと；かっかと；ぴょんと

学習P 適切な擬声語、擬態語を選ぶ問題。正答①の두둥실は「ふんわり」という意味の擬態語。

解 答

8）세 살(배기) 아들이 그린 할머니 그림이 너무 귀여워서 웃음이 났다.

→ 3歳(の)息子が描いたお婆さんの絵があまりにも可愛くて、笑いが込み上げた。

① 치레 → 装い；うわべを飾ることの意

② 들이 → …入り、…詰め

③ 어치 → (お金を表す語に付いて)…分、…程度、…の値打ちがあるもの

❹ 배기 → ～歳の子；中身のある；特定の物や場所を表す語

学習P 適切な接辞を選ぶ問題。正答④の배기は、年齢を表す語の付いて「その歳の子ども」という意味を表すほかに、알배기 생선「子持ちの魚」のように「中身のある」という意味や、진짜배기「本物」のように一部の名詞に付いて、「前の語の特性を持っている人やものごと」という意味を表す接尾辞である。

9）파김치가 되도록 일하고 집에 돌아와서는 코를 (골며) 잤어요.

→ くたくたに疲れるほど働いて、帰宅してからは、いびきを(かきながら)寝ました。

① 돌며 → 回りながら　② 달며 → 付けながら

③ 갈며 → 砥ぎながら　❹ 골며 → (いびきを)かきながら

学習P 適切な連語を選ぶ問題。正答の④は、코를 골다「いびきをかく」という形でよく使われる。③の갈다は、이를 갈다「歯ぎしりをする」のようにも使われる。

10）선수들이 경기장에 입장하자 관중들은 일제히 함성을 (지르며) 박수를 쳤다.

→ 選手たちが競技場に入場すると、観衆は一斉に歓声を(あげながら)拍手した。

① 부르며 → 歌いながら、呼びながら

❷ 지르며 → 叫びながら、(声を)張り上げながら

解　答

③ 뱉으며 → 吐きながら、吐き出しながら

④ 맞으며 → 打たれながら、殴られながら

学習P 適切な連語を選ぶ問題。正答②の함성을 지르다は「歓声をあげる」という意味で、함성을 올리다に言い換えることもできる。함성이 터지다「歓声が飛び出す」の形でも使われる。

2 空欄補充問題(慣用句・四字熟語・ことわざ問題)　〈各１点〉

1) 이번 선거의 후보들은 (하늘이 두 쪽 나도) 집값 문제를 해결하겠다고 공약을 내걸었다.

→ 今回の選挙の候補者たちは、(何があっても)住宅価格問題を解決するという公約を掲げた。

① 기가 차도 → 呆れても、唖然としても

② 땅을 치더라도 → 嘆き悲しんでも

❸ 하늘이 두 쪽 나도 → どんな困難があろうと、命を賭けてでも

④ 뒷짐을 지더라도 → 手をこまねいても、何もしないでいても

学習P 適切な慣用句を選ぶ問題。正答③の하늘이 두 쪽 나다は、直訳すると「空が真っ二つになる」で、「何があっても」という意味になる。④の뒷짐을 지다は、直訳すると「後ろ手を組む」で「何もしないで見ているだけ」という意味を表す。

2) 요즘 세상에 직원들 (군기를 잡는다)고 갑자기 회의실로 불러내 혼을 내는 게 말이 돼요?

→ 今の時代、職員に(気合を入れる)といって突然会議室に呼び出して叱りつけるなんて、話になりません。

① 숨을 돌린다 → 一息入れる、一息つく

② 속을 터놓는다 → 腹を割る、腹の内を明かす

解　答

❸ 군기를 잡는다　→ 気合を入れる、活を入れる

④ 등골을 빼먹는다 → すねをかじる

学習P 適切な慣用句を選ぶ問題。正答③の군기를 잡다はもともと「軍紀を正す」という意味だが、一般的に「気合を入れる、活を入れる」という意味でよく使われる。ちなみに군기가 빠지다「気が抜ける、だらける」は、対義の表現。

3）마흔이라는 적지 않은 나이에 다시 학업에 도전하여 (좌충우돌) 하며 대학 생활에 적응해 나가고 있어요.

→ 四十という若くない歳でまた学業にチャレンジし、(壁にぶつかりながら) 大学生活に適応していっています。

① 박장대소 → 〈拍掌大笑〉手を叩いて大笑いすること

② 미사여구 → 〈美辞麗句〉美辞麗句

③ 자수성가 → 〈自手成家〉受け継いだ財産もなく自力で身代を築くこと

❹ 좌충우돌 → 〈左衝右突〉四方八方突き当たること

学習P 適切な四字熟語を選ぶ問題。正答④の좌충우돌は「左右八方やたらに突き当たること」を意味する四字熟語で、ドラマなどのあらすじを簡略に紹介する際よく使われる。

4）(모난 돌이 정 맞는다)는데, 선배는 뭐든 타협하거나 적당히 할 줄 몰라서 걱정이다.

→ (出る杭は打たれる) というが、先輩は何にでも妥協したりほどほどにできないのが心配だ。

① 배보다 배꼽이 더 크다

→ 本末転倒、主客転倒 (原義：腹より臍(へそ)が大きい)

❷ 모난 돌이 정 맞는다

→ 出る杭は打たれる(原義：尖った石はノミを打たれる)

解　答

③ 핑계 없는 무덤이 없다

→ 盗人にも三分の理

④ 길고 짧은 건 대어보아야 안다

→ 物事は実際にやってみないとわからないということのたとえ

学習P 適切なことわざを選ぶ問題。正答②の모난 돌이 정 맞는다は「性格が寛大でなければ対人関係がうまくいかないこと」や「優れた能力の持ち主は人から憎まれること」を意味することわざ。

3 下線部と置き換えが可能なものを選ぶ問題 〈各１点〉

1）학창 시절, 소심했던 나에게 거리낌없이 다가왔던 세 명의 친구를 잊을 수 없다.

→ 学生時代、気が弱かった私に気兼ねなく接してくれた３人の友を忘れられない。

❶ 스스럼없이 → 気安く、気兼ねなく、ざっくばらんに

② 어이없이 → あきれるほどに、あっけなく

③ 터무니없이 → とんでもなく、途方もなく、でたらめに

④ 난데없이 → 突然どこからともなく、いきなり、不意に

学習P 置き換えが可能な語彙を選ぶ問題。正答の①以外は、ネガティブな意味を持つ副詞である。なお、正答は허물없이「気安く、気兼ねなく、気さくに」にも置き換えられる。

2）A：아침 드라마에 나오는 주연 여배우 있잖아요. 정말 예쁘더라고요.

B：맞아요. 얼마나 고운지, 넋을 놓고 바라보게 돼요.

解　答

→ A：朝ドラに出ている主役の女優いるじゃないですか。本当に綺麗なんですよ。
B：そうなのよ。あまりに綺麗で、ぼうっと見とれてしまいます。

① 부질없이　→ つまらなく、しがなく
❷ 멍하니　→ ぼうっと、ぼんやり
③ 시큰둥하게 → 生意気に；つまらなそうに
④ 심란하게　→ 心落ち着かず、そわそわしながら

学習P 慣用句と置き換え可能な語彙を選ぶ問題。文中の넋을 놓다は「気を取られてぼうっとしている様子」を表すことばで、넋을 잃다「我を忘れる、魂を失う、惚れる」とも置き換えられる。ついでに、넋이 나가다「驚いて魂が抜ける、ショックを受ける」、넋이 빠지다「気が抜ける、度肝を抜かれる」も覚えておこう。

3）인천시가 적극 행정을 추진함에 따라, 그동안의 소극적이고 몸을 사리던 행정 관행이 개선될 것으로 기대된다.

→ 仁川市が積極行政を推進するにしたがい、この間の消極的で事なかれ主義行政の慣行が改善されるものと期待される。

① 명실상부의 → 〈名実相符-〉名実相伴う
② 비일비재의 → 〈非一非再-〉一度や二度ではない
③ 시기상조의 → 〈時期尚早-〉時期尚早の
❹ 복지부동의 → 〈伏地不動-〉事なかれ主義的な

学習P 慣用句を四字熟語に置き換える問題。文中の몸을 사리다は「身を入れない、打ち込まない」という意味の慣用句で、「身を伏せて動かないこと、事なかれ主義」という意味を持つ④の복지부동(伏地不動)に置き換えることができる。

4）A：우리 학교 교육은 의문을 갖고 깊이 파고 들지 않아요.
B：네, 주먹구구식으로 암기만 해도 점수는 받을 수 있잖아요.

解　答

→ A：本校の教育は疑問を持って深く掘り下げないのですよ。
B：はい、どんぶり勘定式に暗記するだけでも、点数は取れるじゃないですか。

❶ 수박 겉 핥기　→ 表面的で浅はかな見解や行いのたとえ
② 손 안 대고 코 풀기 → 物事をいともたやすくやってのけることのたとえ
③ 도토리 키 재기　→ どんぐりの背比べ
④ 누워서 떡 먹기　→ 朝飯前

学習Ⓟ ことわざと置き換え可能な表現を問う問題。会話文Bにある주먹구구は「指折り数えること、どんぶり勘定」という意味で、勉強する内容を理解せず暗記ばかりすることを表しているため、①の수박 겉 핥기「スイカの皮舐め」つまり、「中身を見きわめないで表面的に事を行う、物事のうわべだけを見ること、皮相の見」に置き換えられる。

4 空欄補充問題（文法問題）〈各1点〉

1）아침에 시작한 회의가 종일(토록) 이어졌다.
→ 朝から始まった会議が一日中続いた。

① 마따나 → ～(の言う／にある)とおり、～(の言う／にある)ように
② 만치도 → ～ほど、～くらい
❸ 토록　→ ～まで、～ほど、～の間中
④ 깨나　→ ある程度、ちょっとばかり、それなりに(ある)

学習Ⓟ 適切な助詞を選ぶ問題。正答③の토록は、「ある程度や推量に及ぶこと」を表す助詞。

2）뒤늦게 결혼을 (한지라) 동서 중에서 나이가 제일 많았다.
→ 遅く結婚したから、嫁の中で一番年上だった。

解 答

① 한데야 → (する)からには ❷ 한지라 → したので

③ 한답시고 → するとか言って ④ 한다느니 → するだとか

学習P 適切な接続語尾を選ぶ問題。正答②の－ㄴ지라は、次の行為や状況に対して理由や前提となる事実をいうときに用いられる接続語尾。

3）A：단백질 보충에 좋은 음식으론 뭐가 있을까요?

B：돼지고기가 좋다니깐. 돼지 껍데기는 피부 건강에도 (좋다더구만).

→ A：タンパク質補充に良い食べ物には何があるでしょうか？
B：豚肉がいいですよ。豚の皮は皮膚の健康にも良いんですよ。

① 좋구랴 → 良いですねえ ② 좋게나 → 良くしなよ

③ 좋다마는 → 良いのだけれど ❹ 좋다더구만 → 良いんですよ

学習P 適切な終結語尾を選ぶ問題。正答④の－구만は年配の者が同年配や年下の者に対して「～なんだなあ」と詠嘆を込めて使う、独り言または回想を表す終結語尾。標準語は－구먼。

4）사계절 전국을 누비는 등산은 (즐겁기도 하려니와) 정신과 육체 건강에 많은 도움이 됩니다.

→ 四季折々全国を縦横無尽に歩く登山は楽しみもさることながら、精神と肉体の健康に大いに役立ちます。

❶ 즐겁기도 하려니와 → 楽しみもさることながら

② 즐거운 셈 치고는 → 楽しいにしては

③ 즐겁기로 들면 → 楽しい事でいえば

④ 즐거운 판국에 → 楽しい状況で

学習P 適切な慣用表現を選ぶ問題。正答①は、用言の語尾に－려니와がついた形。未来または仮定的なことに対して「～するが／～だろうが」という意味を表す。

解　答

5 空欄に入れるのに適切ではないものを選ぶ問題　〈各１点〉

1）딸네 집에 가 있는 동안 집에 있던 비싼 물건들이 (×선불리) 사라졌다지 뭐예요.

→ 娘の家に行っている間に、家にあった高価なものが(×うかつに)なくなったそうですよ。

① 깡그리　→ 残らず、すっかり、ことごとく
② 싹　→ すぱっと、さっと、すっかり
③ 모조리　→ すっかり、全部
❹ 섣불리　→ 生半可に、うかつに(も)、うっかり

学習Ⓟ 不適切な語彙を１つ選ぶ問題。①깡그리、②싹、③모조리には「すっかり、さっと、全部」という意味があるため、사라지다と共起できるが、섣불리は「うかつに」という意味であるため共起できない。正答は④。

2）어떤 목적에 (×밑지는) 결정을 하기 위하여 서로 의논하는 것을 협상이라고 한다.

→ ある目的に(×損をする)決定をするために互いに話し合うことを交渉と言う。

① 걸맞는　→ 似合う、釣り合う、ふさわしい
② 부합되는 → 符合する、ぴったり合う、一致する
❸ 밑지는　→ 損をする
④ 합치되는 → 合致する

学習Ⓟ 意味の異なる語彙を１つ選ぶ問題。①걸맞다、②부합되다、④합치되다は「ふさわしい、合致する、一致する」という同じ意味を持っているが、③の밑지다は「損をする」という意味で他とは異なる。正答は③。

解 答

3）요 몇 년간 국가의 재정이 이처럼 (×어려운 탓에) 해외 방문이 웬 말입니까?

→ ここ数年間、国家財政がこのように(×厳しいせいで)海外訪問とはどういうことですか?

① 어려운 마당에 → 厳しいというのに

❷ 어려운 탓에 → 厳しいせいで

③ 어려운 형편에 → 厳しい状況で

④ 어려운 판에 → 厳しいところに

学習P 不適切な慣用表現を選ぶ問題。①③④は「～厳しい状況で、難しい状況で」という意味を表すが、②の－는 탓에は「する(した)せいで」という原因の意味を表しているため、不適切である。

6 誤りがある文を選ぶ問題 〈各１点〉

1）❶ 신제품을 이미 사는(×)→산(○) 사람은 후회하고 있을 거예요.

→ 新製品をすでに購入した人は後悔しているはずです。

② 저는 목이 마를 때마다 코를 긁곤 해요.

→ 私はのどが渇くたびに鼻をかいたりします。

③ 오늘처럼 맑은 날에는 어딘가로 나가고 싶지 않아요?

→ 今日のように晴れた日には、どこかに出かけたくなりませんか?

④ 더 맛있게 드시려면 끓는 물에 살짝 데치세요.

→ さらに美味しく召し上がるのでしたら、熱湯にさっと湯がいてください。

学習P 日本語の干渉による誤用を見分ける問題。正答の①には、副詞이미「すでに」が使われているため、사다は現在連体形の사는ではなく、過去連体形の산が正しい。連体形の時制は、日本語と異なる場合が多いため注意しよう。

解　答

2）① 반 친구들에게 별명을 지어 주는 게 그의 특기 중 하나다.
→ クラスのみんなにあだ名を付けることが、彼の特技の一つだ。

② 만날 때마다 새로운 조건을 다는 바람에 질려 버렸다.
→ 会うたびに新たな条件を付けてきたので、うんざりしてしまった。

❸ 계절이 바뀌어 기분 전환 겸 새로 산 커튼을 <u>붙였다(×)→달았다(○)</u>.
→ 季節が変わり気分転換を兼ねて、新しく購入したカーテンをつけた。

④ 같은 범행을 저지르다가 결국 꼬리가 잡혔다.
→ 同じ犯行を犯していて、結局悪事がばれてしまった。

学習P 日本語の干渉による誤用を見分ける問題。正答③の「カーテンをつけた」は커튼을 달았다が正しい。붙이다は「貼る、つける、貼り付ける」という意味で個体をくっつけるときに用いる。

7 すべての文に共通して入るものを選ぶ問題 〈各２点〉

1）・시험이 끝나니 (훌훌) 날아갈 것만 같다.
→ テストが終わり、すいすいと飛んでいくようだ。

・과거의 일은 이제 (훌훌) 털어버리고 새출발하자.
→ 過去のことはもう全部忘れて、新たに出発しよう。

・집에 가자마자 옷을 (훌훌) 벗어던지고 잠을 잤어요.
→ 家に着くなり、服をさっさと脱ぎ捨てて寝てしまった。

① 홀딱 → ぞっこん、すっかり、まんまと
❷ 훌훌 → ゆうゆうと、すいすい、さっさと
③ 탁탁 → てきぱきと、ばたばたと、ぱたぱたと
④ 슬슬 → そろそろ、ぼちぼち、すっと

解　答

学習P　多義語の用法を見分ける問題。1番目の文には훌훌と슬슬、2番目の文には훌훌と탁탁、3番目の文には훌떡と훌훌が入るため②훌훌が正答。

2）・어제 한 밥이 다 (쉬었는데) 어떡하죠?

→ 昨日炊いたご飯がすっかり酸っぱくなってしまったのですがどうしましょう?

・목소리가 (쉬어서) 무슨 말을 하는지 도무지 알아들을 수 없다.

→ 声が枯れて、何を言っているのか全く聞き取れなかった。

・숨을 (쉬는) 소리마저도 너무 사랑스럽다.

→ 呼吸する音さえもとても愛らしい。

❶ 쉬다　→ (食べ物が)腐りかけてすっぱくなる；(声が)かすれる、かれる；呼吸する

② 변하다 → 変わる、変化する

③ 타다　→ 焼ける、燃える；混ぜる

④ 참다　→ こらえる、我慢する

学習P　(　　)の中に共通して入る用言を選ぶ問題。1番目の文には쉬다と변하다と타다が、2番目の文には쉬다と변하다、3番目の文には쉬다と참다が入るため正答は①쉬다。

8　文中のハングル表記が間違っているものを選ぶ問題　〈各1点〉

1）① 지난 밤 아기 물개가 발견돼서 사람들의 관심을 모으고 있다.

→ 昨晩オットセイの赤ちゃんが発見され、人々の関心を集めている。

❷ 빨래를 널려고 했는데 집개(×)→집게(○)가 모자라서 가져왔어요.

→ 洗濯を干そうとしたのに、洗濯バサミが足りなくて持ち帰ってきました。

解　答

③ 짐을 얹어 사람이 등에 지는 운반 기구를 지게라 하지요.

→ 荷物をのせて人が背負う運搬器具を背負子(しょいこ)こと言います。

④ 성게가 제철을 맞아 불티나게 팔리고 있다.

→ ウニが旬を迎え、飛ぶように売れている。

学習P ㅐとㅔの表記を区別する問題。②は집개ではなく집게が正しい。

2) ❶ 어색한 자리의 분위기를 띠우는(×)→띄우는(○) 방법 정도는 알고 있다.

→ 気まずい場の雰囲気を盛り上げる方法くらいは知っている。

② 우산을 씌워 주는 두 사람의 다정한 모습이 사진에 찍혔다.

→ 傘をかぶせてあげる二人の親しげな姿が写真に撮られた。

③ 붉은 색을 띤 저녁노을이 오늘따라 더 아름다워 보였다.

→ 赤く染まった夕焼けが、今日はことさらに美しく見えた。

④ 촬영 금지 구역이라고 쓰인 종이가 붙었다.

→ 撮影禁止区域と書かれた紙が貼られた。

学習P 使役動詞の表記の誤りを見分ける問題。正答は①。①の文中にある띠우다は띠다「帯びる、発する」の使役動詞、띄우다は뜨다「浮く、浮かぶ」の使役動詞で、「雰囲気を盛り上げる」は분위기를 띄우다が用いられる。

3) ① 그 배우의 영어 실력이 이번 영화에서 진가를 발휘했다.

→ あの俳優の英語力が、今回の映画で真価を発揮した。

② 어려운 여건 속에서도 좌절하지 않고 끊임없이 노력했다.

→ 厳しい条件下でも挫折せず、絶えまなく努力した。

③ 낡은 옷으로도 맵시를 낼 줄 아는 참신함에 모두 감탄했다.

→ 古い服でも着こなせる斬新さに、皆が感嘆した。

❹ 말성(×)→말썽(○)만 부리던 아이가 이제는 어엿한 사회인이 되었다.

→ 面倒ばかりかけていた子が、すっかり立派な社会人になった。

解　答

学習P　ハングル表記の誤りを選ぶ問題。正答は④。①は진가[진까]、②は여건[여껀]、③は맵시[맵씨]のように濃音化して発音されるが、表記と異なるため注意しよう。

9　空欄補充問題（対話問題）　〈各1点〉

1）A：신은 모든 사람을 사랑하십니다. 너무 괴로워 마세요.
　B：저 같은 사람도 사랑받을 자격이 있을까요？
　A：사랑에 조건을 붙이면 그건 거래라 불러야겠죠. (이해를 따지는 게 아니에요.)
　B：그 말을 들으니 좀 마음이 놓이네요.

→ A：神は全ての人々を愛してくださいます。そんなに苦しまないでください。
　B：わたしのような者も愛される資格はあるでしょうか？
　A：愛に条件を付けるのなら、それは取引と呼ばねばなりません。(利害を問うのではありません。)
　B：その言葉を聞くと、少し安心します。

① 받아들이는 상대방도 중요하지만요.
→ 受け入れる相手側も重要ですが。

❷ 이해를 따지는 게 아니에요.
→ 利害を問うのではありません。

③ 지금의 고통을 참아야만 해요.
→ 今の苦痛に耐えなければなりません。

④ 원인부터 천천히 찾아봅시다.
→ 原因からじっくり探してみましょう。

学習P　悩みを抱えている人を慰める二人の会話。正答は②。条件が付くのは愛でなく取引になるという話に続くため、②が自然である。

解 答

2）A：야 저거 봐. 저 화장품 또 나왔어.

B：예쁘긴 한데 너무 대놓고 광고하니까 좀 그렇다.

A：아무리 드라마 제작비가 많이 든다고 저래도 되나?

B：배우들 출연 여부까지 광고 회사의 허락을 받는다는 소리도 있어.

A：(이렇게 되면 오히려 제품에 대한 신뢰감이 떨어질 수 있지 않나?)

B：맞아. 하나만 알고 둘은 모르는 거지.

→ A：ちょっと、あれ見て。あの化粧品、また出てきたよ。

B：可愛いのは可愛いけれど、あまりにも露骨に宣伝するから、ちょっとどうかと思うね。

A：いくらドラマの製作費がたくさんかかるからって、あそこまでやっていいの？

B：俳優の出演の有無まで広告会社に許可をもらうという話もあるよ。

A：(こうなるとむしろ製品に対する信頼を失いかねないね。)

B：そうだね。一を知りて二を知らないようだね。

① 요즘 스타들의 인기가 하늘을 치솟을 기세네.

→ 今どきのスター人気は天をつく勢いですね。

② 입소문 타기 시작하면 광고 효과도 커지겠네.

→ 口コミが広がり始めたら広告の効果も大きくなるね。

❸ 이렇게 되면 오히려 제품에 대한 신뢰감이 떨어질 수 있지 않나?

→ こうなるとむしろ製品に対する信頼を失いかねないね。

④ 화장품말고 명품이나 차를 노출시키는 게 효과가 좋을 텐데.

→ 化粧品ではなくブランド品や車を目立たせる方が、効果があるはずなのに。

学習Ⓟ ドラマを観ている二人の会話。ドラマの中で、話の展開と関係の少ない商品が頻繁に登場するいわゆる間接広告に批判的な会話であるため、③が正答。

3）A：아까부터 뭘 그렇게 하고 있어?

B：휴대폰을 새로 사서 액정 보호 필름을 붙이려는데 좀 어렵네.

解　答

A：여기 봐. 먼지가 너무 많이 들어갔잖아.

B：카메라 구멍도 잘 맞지 않아. 어떡하지?

A：(테두리를 잘 확인하고 붙이면 돼.)

B：그렇구나. 지금 다시 해 볼게.

→ A：さっきから何を必死にやっているの？
　B：携帯電話を新しく買って液晶保護フィルムを貼ろうとしているんだけど、ちょっと難しくて。
　A：ここ見て。ほこりが入りすぎてるじゃない。
　B：カメラの穴もうまく合わないし。どうしようか？
　A：(枠をちゃんと確認してから付けたらいいんだよ。)
　B：そうなんだ。今からもう一回やってみるよ。

① 내가 잘하니까 맡겨 봐.

→ 私がうまくできるから任せてよ。

② 얼마 안 하니까 한 장 더 사 봐.

→ いくらもしないからもう一枚買いなよ。

③ 시간이 지나면 잘될 거야.

→ 時間が経てばうまくできるはずだよ。

❹ 테두리를 잘 확인하고 붙이면 돼.

→ 枠をちゃんと確認してから付けたらいいんだよ。

学習P 正答は④。新しい携帯電話への液晶保護フィルムの貼り方を助言しているため、④が自然。液晶保護フィルムを貼る際には、테두리를 맞추는「枠を合わせる」のがポイントである。

4）A：어제 찾아간 세탁물에 얼룩이 남아 있어서 왔습니다.

B：정말 죄송합니다, 고객님. 즉시 세탁물 사고로 처리해 드리겠습니다.

A：(아끼는 옷이라서 꼭 얼룩을 제거해 주셨으면 하는데요.)

解 答

B：얼룩 제거 과정에서 세탁물이 훼손될 수도 있으니 보상을 해 드리면 어떨까요?

→ A：昨日持ち帰ったクリーニング品にシミが残っていたので来ました。
B：大変申し訳ございません、お客様。すぐにクリーニングミスとして対処させていただきます。
A：（大切にしている服なので、必ずシミを取ってくださらないと。）
B：シミ抜きの過程でクリーニング品が傷つくこともあるので、補償させていただくのはいかがでしょうか？

① 보상금 지급 절차는 어떻게 진행되나요?
→ 補償金の支給手続きはどうなりますか？

② 세제 냄새도 이상하니 교환해 주십시오.
→ 洗剤の匂いも変なので交換してください。

❸ 아끼는 옷이라서 꼭 얼룩을 제거해 주셨으면 하는데요.
→ 大切にしている服なので必ずシミを取ってくださらないと。

④ 그러면 번거로워지니까 그냥 가져가서 입을게요.
→ そうだと面倒になってしまうので、このまま持って帰って着ることにします。

学習P クリーニング店でのトラブルに関する会話。（　）の次の会話に얼룩 제거 과정에서 세탁물이 훼손될 수도 있으니「シミ抜きの過程で服が傷つく恐れがあるので」という会話が続くので正答は③になる。

10 読解問題 〈各1点〉

1）

노벨 물리학상 120년 역사상 처음으로 기상학 분야에서 수상자가 나왔다. 이들은 반세기 이상 기후 변화 연구에 매진해 지구 온난화 예측 가능성을 높였다. 노벨 물리학상은 그동안 좁게는 물리학, 넓게는 천문학과 지구 과학에 집중했다. 그런데 왜 지금 기상학일까?

解　答

전문가들은 인류와 지구의 공존*을 서둘러 모색해야만 기후 붕괴를 막을 수 있는 절박한 상황이라고 경고한다.

[日本語訳]

ノーベル物理学賞120年の歴史上初めて、気象学分野において受賞者が出た。彼らは半世紀以上気候変化の研究に邁進してきて、地球温暖化の予測可能性を高めた。ノーベル物理学賞はこの間、狭くは物理学に、広くは天文学と地球科学に集中した。しかしなぜ今、気象学なのか？専門家たちは人類と地球の共存*を急いで模索してこそ、気候崩壊を防ぐことができる切迫した状況であると警告する。

【問】内容一致問題

① 반세기 만에 기상학 분야에서 노벨상 수상자가 나왔다.
→ 半世紀ぶりに気象学分野においてノーベル賞受賞者が出た。

❷ 기후 변화의 위기를 막는 것이 시급한 상황이다.
→ 気候変化の危機を防ぐことは急を要する状況である。

③ 지구 과학은 일찍부터 인류와 지구의 공존을 모색해 왔다.
→ 地球科学は早くから人類と地球の共存を模索してきた。

④ 물리학의 연구분야가 천문학과 지구 과학에서 기상학으로 바뀌었다.
→ 物理学の研究分野が天文学と地球科学から気象学に変わった。

学習P 問題文の内容と一致する文を選ぶ問題。①は半世紀ではなく120年ぶり、③は気象学のこれからの役目、④はノーベル物理学賞が物理学、天文学、地球科学に集中したという内容であるため不一致。正答は②。

2）

우리는 눈앞에 있는 삼계탕집으로 들어갔다. 나름 그 결정에 서로

解 答

만족한 듯 밝은 표정으로 마주 앉았다. 집에서 밥을 먹을 때는 나란히 앉는 편이다. 마주 보자 남편이 많이 늙어 보였다. 불현듯 한 친구의 말이 떠오른다. 마주 보고 앉으면 단점만 보여서 싸우게 된단다. 이런 내 심사를 아는지 모르는지, 메뉴판을 보고도 결정 없이 내 판단에 맡기고 있는 사람이 야속하다.

[日本語訳]

私たちは目の前にあるサムゲタン(参鶏湯)の店に入った。その決定に互いに満足したような明るい表情で向かい合った。家で食事をするときは並んで座る方である。向かい合ってみると、夫がとても老けて見えた。ふと、ある友人の言葉が思い浮かんだ。向かい合って座ると欠点だけが見えて争うことになるのだよ。こんな私の心中を知ってか知らずか、メニュー表を見ながらも決めることなく、私の判断に任せている彼が恨めしい。

【問】内容一致問題

① 부부는 삼계탕집에 만족하는 척했다.
→ 夫婦はサムゲタンの店に満足したふりをした。

② 부부는 집에서 마주 보며 밥을 먹을 때가 많다.
→ 夫婦は家で向かい合って食事することが多い。

③ 남편은 옆모습에 비해 앞모습이 늙어 보인다.
→ 夫は横からの姿と比べると、正面からの方が老けて見える。

❹ 남편은 아내가 골라 주는 음식을 먹으려고 한다.
→ 夫は妻が選んでくれる食べ物を食べようとする。

学習P 問題文の内容と一致する文を選ぶ問題。文末の、メニューを見ながらも決めず、筆者(奥さん)の判断に任せている夫が恨めしいという内容から、④が正答。①は二人とも満足しているため、②は家で並んで座って食事をするため、③は正面と横顔を比べていないため、内容と不一致。

解　答

11 読解問題

〈各２点〉

인간이 물 다음으로 가장 많이 소비하는 자원은 모래와 자갈이다. '골재'로 불리는 이 자원의 사용량은 지난 20년간 약 3배 증가해 2019년 기준 연간 최대 500억 톤에 이를 것으로 추정된다. （A：문제는 앞으로 인구증가와 도시화에 따른 모래 수요가 계속 늘어날 것이라는 점이다.）이에 따라 모래를 전략적 자원으로 인식하고, 대체재 사용과 재활용 등을 통해 모래 사용을 줄여야 할 필요성도 대두되고 있다.（B）모래는 건축물을 짓기 위한 골재 및 반도체 제조와 같은 첨단산업의 소재 등으로 활용되는 것을 넘어, 지구의 환경과 생태계 서비스 유지에 중요한 기능을 수행하기 때문이다.（C）과도한 모래 채취에 따른 피해는 이미 세계 곳곳에서 나타나고 있다.（D）해안과 강의 침식, 삼각주* 축소, 생물 다양성 악화 등이 그 사례이다.

[日本語訳]

人間が水の次に最も多く消費する資源は砂と砂利である。「骨材」と呼ばれるこの資源の使用量はこの20年間約３倍に増加し、2019年基準で年間最大500億トンに達するものと推定される。（A：問題は、今後人口増加と都市化による砂の需要が引き続き増えていくという点である。）これによって砂を戦略的資源と認識し、代替材料使用とリサイクルなどを通して砂の使用量を減らさなければならない必要性も台頭してきている。（B）砂は建築物を造るための骨材および半導体製造のような先端産業の素材などに活用されるにとどまらず、地球環境と生態系サービス維持において重要な機能を果たしているのである。（C）過度な砂採取による被害はすでに世界各地で起きている。（D）海岸と河川の侵食、三角州*の縮小、生物多様性の悪化などがその事例である。

解 答

【問１】 文の入る適切な位置を選ぶ問題

문제는 앞으로 인구증가와 도시화에 따른 모래 수요가 계속 늘어날 것이라는 점이다.

→ 問題は、今後人口増加と都市化による砂の需要が引き続き増えていくという点である。

❶（A）　②（B）　③（C）　④（D）

学習P 挿入文にある「問題は、今後人口増加と都市化による砂の需要が引き続き増えていくという点である」と、(A)の後に砂を戦略的資源と認識し、砂の使用量を低減する必要性があるという説明がうまくつながるので①が正答。

【問２】文の主題として適切なものを選ぶ問題

① 모래 수요의 급증에 따른 자원 개발 문제
→ 砂の需要の急増による資源開発問題

② 첨단 산업의 소재에 있어서의 모래의 역할
→ 先端産業の素材においての砂の役割

❸ 모래 자원의 전략적 사용의 필요성
→ 砂資源の戦略的使用の必要性

④ 지구 환경과 생태계 유지에 있어서 모래의 기능
→ 地球環境と生態系維持における砂の機能

学習P 文の主題として適切なものを選ぶ問題。砂は、建築、先端事業の素材だけでなく、地球環境と生態系サービスを維持する重要な役割を果たす戦略的な資源であるため、③が正答。

解　答

12 読解問題

〈各 2 点〉

〔북(北)의 문헌에서 인용〕

숲속은 신비의 세계같았다. 향긋한 송진*내가 풍기는 숲속에 들어서면 동화에서처럼 풀사이를 비집고 신비한 이야기가 튀여나올것만 같다. 평평한 바위우에 털썩 주저앉은 승제는 도토리배낭을 벗었다. 도토리를 줏느라 반나절동안 산들을 누비고 다니니 배가 출출해났다. 그는 도토리가 그득한 배낭을 툭 쳤다.

(오늘은 첫물이래서 내가 수고를 했지만 다음번엔 두어시간이면 채울걸.)

정말 그럴것이다. 이제 도토리가 본격적으로 익기 시작할 때면 덕양골의 봉마다 윤기가 반질반질한 도토리가 쭉 깔린다. 어디 그뿐이겠는가. 머루를 비롯한 산과일들이 저마다 사람들을 부른다. 봄은 또 어떠한가. 겨울내내 잠자던 숲속에 봄바람이 산들거리면 고사리같은 산나물들이 저마다 고개를 살며시 치켜들며 기지개를 켠다. <u>덕양골사람들은 주변산들을 보물산이라고 불렀다</u>.

[日本語訳]

森の中は神秘の世界のようだった。香ばしい松やに*の香りが漂う森の中に入っていくと、童話のように草の間をかき分けて、神秘的なお話が飛び出してくるかのようである。平らな岩の上にどっかりと座り込んだスンジェはどんぐりのリュックを下ろした。どんぐりを拾うため半日もの間山々を歩き回ったのでお腹がぺこぺこであった。彼はどんぐりでいっぱいのリュックをポンと叩いた。

(今日は初物ということで私が苦労したけど、次回は二、三時間でいっぱいにできるな。)

解　答

本当にそうであろう。これからどんぐりが本格的に熟し始める頃には、トギャン谷の峰々にツヤツヤしたどんぐりが一面に広がる。それだけではない。山ぶどうをはじめとした山の果実たちが、それぞれに人々を呼ぶ。春はまたどうだろうか。冬の間中眠っていた森の中に春風がそよそよ吹くと、わらびなどの山菜が互いにそっと頭をあげて伸びをする。トギャン谷の人々はまわりの山々を宝の山と呼んだ。

【問１】トギャン谷の人々は周辺の山々を宝の山と呼んだ理由として適切なものを選ぶ問題

① 숲이 동화 속 세계처럼 신비로워서
→ 森が童話の中の世界のように神秘的なので

② 산과일들이 보석처럼 윤기가 나서
→ 山の果実が宝石のようにツヤツヤなので

③ 봄바람이 불면 향긋한 냄새가 나서
→ 春風が吹くと香ばしい香りがしてくるので

❹ 산에 여러 가지 먹을 것이 풍부해서
→ 山には様々な食べ物が豊富なので

学習P　下線部の理由を選ぶ問題。正答は④。どんぐり、山ぶどう、わらびなどの食べ物が豊富なので、トギャン谷の人々は宝の山と呼んでいる。

【問２】本文の内容と一致しないものを選ぶ問題

① 승제는 덕양골 산에 대해 애정을 갖고 있다.
→ スンジェはトギャン谷に対し愛情を抱いている。

② 승제는 산을 누비며 도토리를 주웠다.
→ スンジェは山を歩き回りどんぐりを拾った。

❸ 덕양골 산에는 도토리 나무가 금세 자란다.
→ トギャン谷の山には、どんぐりの木がたちまち育つ。

④ 덕양골 산에서는 여러 산나물들을 채취할 수 있다.
→ トギャン谷の山では、様々な山菜を採取することができる。

学習P 問題文の内容と一致しない文を選ぶ問題。正答は③。どんぐりの木の生育に関する内容は本文にはないので内容と一致しないのは③。

13 翻訳問題（韓国・朝鮮語→日本語） 〈各１点〉

1）자금 문제를 해결하겠다고 <u>혼자서 고민한들 더 괴로워질 뿐이다.</u>
→ 資金の問題を解決しようと<u>一人で悩んだところで、さらに苦しくなるだけだ。</u>

① 一人で悩んでいたら、さらに苦しくなった。
→ 혼자서 고민하니까 더욱 괴로워졌다.

❷ 一人で悩んだところで、さらに苦しくなるだけだ。
→ 혼자서 고민한들 더 괴로워질 뿐이다.

③ 一人で悩めば悩むほど、さらに辛くなる。
→ 혼자서 고민하면 할수록 더욱 힘들어진다.

④ 一人で悩んだあげく、辛さに耐えられなくなった。
→ 혼자서 고민한 끝에 괴로움을 견디지 못하게 됐다.

2）<u>법원의 판결에 의하면 압류의 대상에서</u> 최저 생계비는 제외된다.
→ <u>裁判所の判決によると、差押えの対象から</u>最低限の生活費は除外される。

❶ 裁判所の判決によると、差押えの対象から
→ 법원의 판결에 의하면 압류의 대상에서

解　答

② 法人の判定によると、押収の対象から

→ 법인 판정에 의하면 압수의 대상에서

③ 裁判所の判断によると、圧力の対象から

→ 법원 판단에 의하면 압력의 대상에서

④ 法人の仲裁によると、斡旋（あっせん）の対象から

→ 법인 중재에 의하면 알선의 대상에서

3）급격한 환율 변동으로 인한 외환 시장 안정을 위해 정부의 조치가 내려졌다.

→ 急激な為替レートの変動による外国為替市場の安定のため、政府の措置が下された。

❶ 為替（かわせ）レートの変動による外国為替市場の安定のため

→ 환율 변동으로 인한 외환 시장 안정을 위해

② 通貨の変動に基づいてドル円相場の安定化を図り

→ 통화의 변동에 의거하여 달러엔시세의 안정화를 도모하고

③ 借入金利の変動による外債市場の安定のため

→ 차입금리의 변동에 따르는 외채시장의 안정을 위하여

④ 利益率の変動に基づいて外貨市場の安定化を図り

→ 이익률의 변동에 의거하여 외화시장의 안정화를 도모하고

4）선배는 외모와 달리 털털한 성격을 가졌지만 가끔 오해를 받기도 해요.

→ 先輩は外見と違って大らかな性格なのですが、たまに誤解されたりします。

① 見た目と異なる短気な人なのですが

→ 겉모습과 다른 성급한 사람이긴 하지만

解 答

② 容姿と違って几帳面(きちょうめん)で気難しい人なのですが

→ 외모와 달리 꼼꼼하고 까다로운 사람이긴 하지만

③ 見かけによらぬ細やかな性格の持ち主なのですが

→ 생김생와는 달리 섬세한 성격의 소유자이긴 하지만

❹ 外見と違って大らかな性格なのですが

→ 외모와 달리 털털한 성격을 가졌지만

14 翻訳問題(日本語→韓国・朝鮮語) 〈各 2 点〉

1）突然発症するぎっくり腰は<u>ズキズキと感じる痛みが持続します。</u>

→ 갑자기 나타나는 급성 요통은 <u>욱신욱신한 통증이 지속됩니다.</u>

① 푹신푹신한 고통이 지속합니다.

→ ふわふわする苦痛が持続します。

② 부들부들한 아픔이 지속합니다.

→ ブルブルした痛みが持続します。

❸ 욱신욱신한 통증이 지속됩니다.

→ ズキズキと感じる痛みが持続します。

④ 간질간질 느끼는 엄살이 지속됩니다.

→ むずむずするような、痛みのおおげさな訴えが持続します。

2）<u>彗星(すいせい)のように現れた作家の次作に</u>みんなの関心が寄せられている。

→ <u>혜성처럼 나타난 작가의 다음 작품에</u> 모두의 관심이 모아지고 있다.

① 수성과 같이 등장한 작가의 차기작에

→ 水星のように登場した作家の次期作に

解　答

② 별똥별과 같이 나타난 작자의 차기작에

→ 流星のように現れた作者の次期作に

❸ 혜성처럼 나타난 작가의 다음 작품에

→ 彗星のように現れた作家の次作に

④ 위성처럼 등장한 작자의 다음 작품에

→ 衛星のように登場した作者の次作に

3）今期の業績が芳(かんば)しくないので、新規事業への参入も見送られた。

→ 이번 분기 실적이 시원찮아서 신규 업계에로의 참여도 미루게 되었다.

① 업적이 멀쩡하지 않아서 → 業績が健全ではないので

❷ 실적이 시원찮아서 → 業績が芳しくないので

③ 실적이 훈훈하지 않아서 → 実績が温かくないので

④ 업적이 가당찮아서 → 業績がとんでもないので

4）無礼な行いには必ず代償が伴うことになる。

→ 무례한 행동에는 반드시 대가가 따르는 법이다.

① 꼭 대상이 달려 있는 것이 된다.

→ 必ず対象がかかっていることになる。

② 항상 대체가 함께하게 된다.

→ 常に代替が共にすることになる。

③ 언제나 대행이 동반할 것이다.

→ いつも代行が同伴するはずだ。

❹ 반드시 대가가 따르는 법이다.

→ 必ず代償が伴うことになる。

２級聞きとり 正答と配点

●40点満点

問題	設問	マークシート番号	正　答	配　点
1	1)	1	③	2
	2)	2	③	2
	3)	3	②	2
2	1)	4	①	2
	2)	5	①	2
	3)	6	④	2
3	1)	7	②	2
	2)	8	①	2
	3)	9	②	2
4	1)	10	②	2
	2)	11	④	2
	3)	12	①	2
5	【물음1】	13	②	2
	【물음2】	14	③	2
6	【물음1】	15	③	2
	【물음2】	16	①	2
7	1)	17	③	2
	2)	18	④	2
	3)	19	④	2
	4)	20	④	2
合計	20			40

2級筆記　正答と配点

●60点満点

問題	設問	マークシート番号	正答	配点
1	1)	1	①	1
	2)	2	④	1
	3)	3	②	1
	4)	4	①	1
	5)	5	③	1
	6)	6	③	1
	7)	7	①	1
	8)	8	④	1
	9)	9	④	1
	10)	10	②	1
2	1)	11	③	1
	2)	12	③	1
	3)	13	④	1
	4)	14	②	1
3	1)	15	①	1
	2)	16	②	1
	3)	17	④	1
	4)	18	①	1
4	1)	19	③	1
	2)	20	②	1
	3)	21	④	1
	4)	22	①	1
5	1)	23	④	1
	2)	24	③	1
	3)	25	②	1
6	1)	26	①	1
	2)	27	③	1

問題	設問	マークシート番号	正答	配点
7	1)	28	②	2
	2)	29	①	2
8	1)	30	②	1
	2)	31	①	1
	3)	32	④	1
9	1)	33	②	1
	2)	34	③	1
	3)	35	④	1
	4)	36	③	1
10	1)【물음】	37	②	1
	2)【물음】	38	④	1
11	【물음1】	39	①	2
	【물음2】	40	③	2
12	【물음1】	41	④	2
	【물음2】	42	③	2
13	1)	43	②	1
	2)	44	①	1
	3)	45	①	1
	4)	46	④	1
14	1)	47	③	2
	2)	48	③	2
	3)	49	②	2
	4)	50	④	2
合計	50			60

2級

全19ページ
聞きとり 20問/30分
筆　　記 50問/80分

2023年 秋季 第60回
「ハングル」能力検定試験

【試験前の注意事項】
1）監督の指示があるまで、問題冊子を開いてはいけません。
2）聞きとり試験中に筆記試験の問題部分を見ることは不正行為となるので、充分ご注意ください。
3）この問題冊子は試験終了後に持ち帰ってください。
　マークシートを教室外に持ち出した場合、試験は無効となります。
※CD 3などの番号はＣＤのトラックナンバーです。

【マークシート記入時の注意事項】
1）マークシートへの記入は「記入例」を参照し、ＨＢ以上の黒鉛筆またはシャープペンシルではっきりとマークしてください。ボールペンやサインペンは使用できません。
　訂正する場合、消しゴムで丁寧に消してください。
2）氏名、受験地、受験地コード、受験番号、生まれ月日は、もれのないよう正しく記入し、マークしてください。
3）マークシートにメモをしてはいけません。メモをする場合は、この問題冊子にしてください。
4）マークシートを汚したり、折り曲げたりしないでください。

※試験の解答速報は、11月12日の全級試験終了後(17時頃)、協会公式ＨＰにて公開します。
※試験結果や採点について、お電話でのお問い合わせにはお答えできません。

◆次回 2024年 春季 第61回検定：6月2日（日）実施◆

問 題

듣기 문제

듣기 시험 중에 필기 문제를 풀지 마십시오.

04

1 들으신 문장의 내용과 일치하는 것을 하나 고르십시오.
(마크시트의 1번～3번을 사용할 것) 〈2点×3問〉

05

1) -- マークシート 1

①--

②--

③--

④--

06

2) -- マークシート 2

①--

②--

③--

④--

問　題

07

3）-- マークシート 3

①--

②--

③--

④--

問 題

2 대화를 듣고 다음에 이어질 내용으로 가장 알맞은 것을 하나 고르십시오.
(마크시트의 4번～6번을 사용할 것) 〈2点×3問〉

09

1) 여 : ______

남 : ______

여 : ______

남 : (マークシート **4**)

① ______

② ______

③ ______

④ ______

問　題

10

2）여：

남：

여：

남：（マークシート 5）

①

②

③

④

11

3）여：

남：

여：

남：（マークシート 6）

①

②

③

④

問 題

◀)) 12

3 대화문을 듣고 물음에 답하십시오.
(마크시트의 7번～9번을 사용할 것) 〈2点×3問〉

◀)) 13

1) 여자의 생각으로 맞는 것을 하나 고르십시오. マークシート 7

남 : --
여 : --
남 : --
여 : --

① 수학은 문제 하나라도 더 푸는 것이 효과적이다.
② 리포트나 동영상 제작을 아이들이 더 좋아한다.
③ 과제 발표는 아이들의 흥미를 살려 학습 효과를 높인다.
④ 동영상을 보면서 문제를 푸는 것이 더 효율적이다.

問 題

15

2）여자의 주장으로 맞는 것을 하나 고르십시오. マークシート 8

남 : ______________________________

여 : ______________________________

남 : ______________________________

여 : ______________________________

① 아이를 잘 타일러 책도 조금은 보게 해야 한다.
② 어른들이 아이들의 눈높이로 바라봐 줘야 한다.
③ 인터넷으로 필요한 정보를 다 얻기엔 한계가 있다.
④ 책을 통해서 다른 사람들의 경험을 간접 체험할 수 있다.

問　題

🔊 17

3）남자의 주장으로 맞는 것을 하나 고르십시오.　マークシート 9

남：＿＿＿＿＿＿＿＿＿＿＿＿＿＿＿＿＿＿＿＿＿＿＿＿

여：＿＿＿＿＿＿＿＿＿＿＿＿＿＿＿＿＿＿＿＿＿＿＿＿

남：＿＿＿＿＿＿＿＿＿＿＿＿＿＿＿＿＿＿＿＿＿＿＿＿

＿＿＿＿＿＿＿＿＿＿＿＿＿＿＿＿＿＿＿＿＿＿＿＿

여：＿＿＿＿＿＿＿＿＿＿＿＿＿＿＿＿＿＿＿＿＿＿＿＿

① 간단한 조치는 취했으나 시민들의 불만이 사그라들지 않고 있다.

② 부상을 당한 환자의 신분을 확인하는 것이 급선무이다.

③ 지식이나 기술도 없이 무작정 도왔다가는 화를 초래할 수 있다.

④ 경찰관에게 응급조치 교육을 시켜 큰 피해를 막을 수 있게 해야 한다.

問　題

19

4 문장을 듣고 물음에 답하십시오.
(마크시트의 10번～12번을 사용할 것)　　〈2点×3問〉

20

1）문장의 내용과 일치하는 것을 하나 고르십시오.　マークシート 10

---

① 어제부터 북서쪽에서 유입된 찬 공기로 인해 쌀쌀해졌다.
② 주말은 날씨가 맑고 청정하여 지내기 좋을 것이다.
③ 기온은 낮지만 하늘이 맑아 체감 온도는 올라갈 것이다.
④ 오늘은 따뜻하게 차려입고 나가는 것이 좋다.

問　題

22

2）문장의 내용과 일치하는 것을 하나 고르십시오. マークシート11

① 수면 장애로 인해 해마다 사망하는 노동자들이 늘고 있다.
② 수면 부족은 막대한 경제 손실을 유발할 수도 있다.
③ 수면 시간을 충분히 확보하지 못해 노동자들이 일을 지연시키고 있다.
④ 수면 시간 확보를 위해 기업이 경제적인 비용을 부담하기로 했다.

問 題

24

3）문장의 내용과 일치하는 것을 하나 고르십시오. マークシート 12

① 가벼운 이불을 덮고 자면 푹 잘 수 있다.

② 체온을 낮추려면 실내 온도를 약간 높이는 것이 좋다.

③ 예민한 사람은 좀 더 무거운 이불을 덮는 게 좋다.

④ 이불을 얇게 하여 체온을 조금 낮게 유지시킨다.

問 題

26

5 대화문을 들으신 다음에 【물음 1】~【물음 2】에 답하십시오.
(마크시트의 13번~14번을 사용할 것)　〈2点×2問〉

27

남 : ______
여 : ______
남 : ______
여 : ______
남 : ______
여 : ______

【물음 1】 여자의 생각으로 맞는 것을 하나 고르십시오. マークシート13

① 친환경을 위해서라면 좀 획기적인 제도 변화가 필요한 시점이다.
② 비닐봉지뿐 아니라 일회용 컵 등의 사용도 진작 금지를 시켰어야 했다.
③ 비닐봉지 사용이 금지되더라도 편의점의 손실은 크지 않을 것이다.
④ 국민들이 받아들이기 어려운 규제를 누구를 위해 하는지 모르겠다.

問 題

【물음 2】 대화의 내용과 일치하는 것을 하나 고르십시오.

マークシート 14

① 환경에 유해한 제품들의 규제 단속을 당장 실시하지는 않는다.
② 식당에서 음식을 싸 가지고 갈 때만 비닐봉지를 구입할 수 있다.
③ 정부도 환경 문제 개선을 위해 대안을 내세울 수밖에 없었다.
④ 갑작스러운 규제 발표에도 대안들이 속속 나오고 있다.

問　題

28

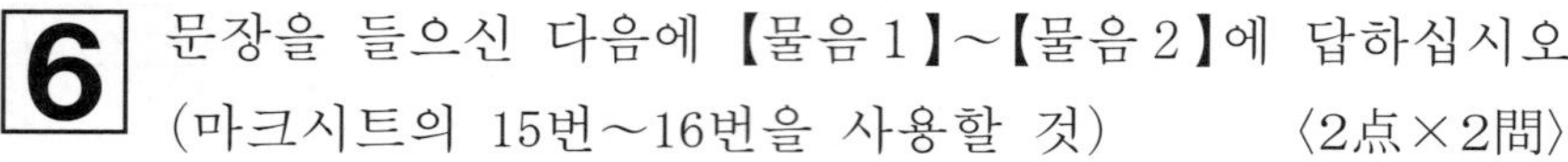

6 문장을 들으신 다음에 【물음 1】~【물음 2】에 답하십시오.
(마크시트의 15번~16번을 사용할 것)　　〈2点×2問〉

29

【물음 1】 문장의 제목으로 가장 알맞은 것을 하나 고르십시오.

マークシート 15

① 공기 청정기와 가습기의 차이
② 공기 청정기의 살균 효과
③ 공기 청정기의 올바른 사용법
④ 공기 청정기와 환기의 관계성

問　題

【물음 2】 문장의 내용과 일치하는 것을 하나 고르십시오.

マークシート 16

① 창문을 활짝 열고 공기 청정기를 켜 두면 환기가 더 빠르게 된다.

② 가습기를 돌릴 때에는 공기 청정기를 멈춰 주는 것이 좋다.

③ 청소기에서 나오는 미세 먼지도 공기 청정기는 잡아 줄 수 있다.

④ 요리시에는 환기와 동시에 공기 청정기를 돌려 주어야 효과적이다.

問　題

30

7 문장을 듣고 괄호 부분의 일본어 번역으로 맞는 것을 하나 고르십시오.
(마크시트의 17번~20번을 사용할 것)　〈2点×4問〉

31

1）제가（　　　　　　　　）얻은 행복이라 더 귀중해요.

マークシート **17**

① 紆余曲折(うよきょくせつ)を経た後に
② 心身の衰(おとろ)えを感じた頃に
③ 日暮れに差しかかって
④ 晩年に入って

32

2）뭐가 서운했는지（　　　　　　　　）　マークシート **18**

① まったく顔を出さなくなりました。
② ちっとも興味を示さなくなりました。
③ すぐに出鼻をくじかれました。
④ すっかり姿を潜(ひそ)めてしまいました。

問　題

33

3）글도（　　　　　　　　　　　　）녹슬어요.　マークシート 19

① 書かなくなってしまうと
② 使わないのがくせになると
③ 常に書く習慣をつけると
④ 書きぐせがあると

34

4）（　　　　　　　　　　　　）　マークシート 20

① 良いものだけど仕方なく捨てようと思います。
② まだ使えるものを駄目にしてしまうでしょう。
③ 良いものはすぐ分かってしまうでしょう。
④ あんなに優れたものを手放すはずがないでしょう。

問 題

필기 문제

필기 시험 중에 듣기 문제를 풀지 마십시오.

1 (　　) 안에 들어갈 말로 가장 알맞은 것을 하나 고르십시오.
(마크시트의 1번~10번을 사용할 것)　　　〈1点×10問〉

1) 이번 실수는 사장님이 넓은 (マークシート 1)으로 감싸 주셔서 그냥 넘어갈 수 있었다.

① 도량　② 교량　③ 성향　④ 수용

2) 이모 댁에 (マークシート 2)로 계속 있을 수도 없는 노릇이라 방을 구하려고요.

① 보금자리　② 가장자리　③ 더부살이　④ 하루살이

3) 어디를 가는지 옷을 (マークシート 3) 챙겨 입더니 아무 말도 없이 나갔어요.

① 차곡차곡　② 주섬주섬　③ 주렁주렁　④ 웅얼웅얼

問題

4) (マークシート 4) 도로 교통법에 대해 알고 싶어 왔습니다.

① 개정된　② 방출된　③ 전복된　④ 할증된

5) 비리를 (マークシート 5) 임원들이 이번 이사회에서 경고를 받았다.

① 사무치던　② 새기던　③ 깨뜨리던　④ 일삼던

6) 경계가 (マークシート 6) 틈을 타서 도주를 시도했지요.

① 느슨한　② 빠듯한　③ 야박한　④ 은은한

7) 그는 나를 한 번 (マークシート 7) 쳐다보더니 가던 길을 계속 갔다.

① 꾸벅　② 꿈틀　③ 흘깃　④ 훌훌

8) 감기 기운이 있는지 아침부터 이불을 (マークシート 8)감고 저러고 있네요.

① 짓　② 휘　③ 몰　④ 되

9）선생님이 하나 둘, 구령을 (マークシート 9) 아이들이 그것에 맞추어 움직였다.

① 부르면　② 지르면　③ 치면　④ 붙이면

10）만만한 상대라 걱정 없다고 (マークシート 10)을 피웠는데 공격 한번 못 해 보고 지고 말았어요.

① 거드름　② 말썽　③ 엄살　④ 극성

2 (　　) 안에 들어갈 말로 가장 알맞은 것을 하나 고르십시오.
(마크시트의 11번～14번을 사용할 것)　〈1点×4問〉

1）(マークシート 11) 노랫소리가 청중들의 마음을 사로잡아 버렸다.

① 심사가 사나운　② 서리를 맞는
③ 심금을 울리는　④ 시름을 놓는

2）아이가 어찌나 옆에서 (マークシート 12) 어른들끼리만 밥을 먹기가 미안하더라고요.

① 입맛을 다시던지　　② 안면을 트던지
③ 날을 세우던지　　④ 본때를 보이던지

3）（マークシート 13）도 유분수지, 싹싹 빌어도 시원찮은데 되레 큰 소리를 치다니.

① 고진감래　② 독불장군　③ 아전인수　④ 적반하장

4）（マークシート 14）고 자기 동생한테 뭐라고 좀 했다고 저한테 바로 따지러 온 거 있죠?

① 사돈 남 나무란다　　② 팔이 안으로 굽는다
③ 공자 왈 맹자 왈 한다　　④ 우물에 가 숭늉 찾는다

3 밑줄 친 부분과 바꾸어 쓸 수 있는 것을 하나 고르십시오.
(마크시트의 15번～18번을 사용할 것)　〈1点×4問〉

1）내가 그렇게 많이 챙겨 줬는데 나한테 왜그리 인색하게 구는 거예요?　マークシート 15

① 빤하게　② 박하게　③ 궁하게　④ 짠하게

問 題

2) 쏟아지는 비판에 제 발이 저렸는지 자꾸 <u>말끝을 흐리는</u> 것이었다. マークシート16

① 쪼그리는 ② 주무르는
③ 어물거리는 ④ 사그라뜨리는

3) 어릴 때 친구와의 재회를 <u>간절히 바라며</u> '옛 친구 찾기'라는 방송에 응모했다. マークシート17

① 학수고대하면서 ② 혼비백산하며
③ 불문곡직하면서 ④ 심기일전하며

4) 바꾼 차가 <u>겉만 번지르르하지</u> 가격도 비싸고 성능도 국산만 못해요. マークシート18

① 뛰어야 벼룩일 뿐 ② 갈수록 태산이라고
③ 빛 좋은 개살구일 뿐 ④ 옷이 날개라고

問 題

4 (　　) 안에 들어갈 말로 가장 알맞은 것을 하나 고르십시오.
(마크시트의 19번～22번을 사용할 것)　〈1点×4問〉

1) 그런 환경이라면 누구(マークシート19) 배겨 내겠어.

① 일랑　② 하며　③ 인즉　④ 인들

2) 싹싹 (マークシート20) 눈 하나 깜짝 하지 않고 방을 나가 버렸다.

① 빌거니　② 빌었건만　③ 빌진대　④ 빌망정

3) A : 이번에도 그 일 성공시키지 못하면 또 선배가 난리 칠 텐데.
B : 두고 봐, 내가 하늘이 두 쪽 나더라도 반드시 (マークシート21).

① 성사시키려무나　② 성사시키더이다
③ 성사시키리라　④ 성사시키더구랴

4) 연세를 (マークシート22) 기력도 쇠하셨으니까 이제 좀 쉬셔야 합니다.

① 드시는 둥　② 드셨기도 하려니와
③ 드셔 봤자　④ 드신 바에야

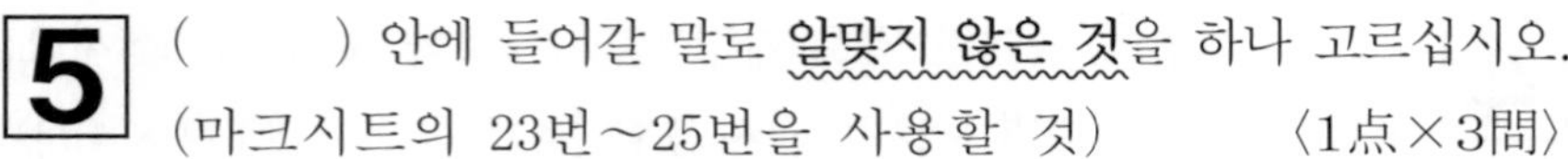
問　題

5 (　　) 안에 들어갈 말로 알맞지 않은 것을 하나 고르십시오.
(마크시트의 23번~25번을 사용할 것)　〈1点×3問〉

1) 막내가 대견하게도 결혼할 때 살림살이를 다 알아서 (マークシート23) 뭐예요.

① 장만한다지 ② 갖춘다지 ③ 마련한다지 ④ 대든다지

2) 어릴 때부터 보살펴 왔던 아이를 이번에 양자로 (マークシート24) 했대요.

① 머금기로 ② 들이기로 ③ 맞기로 ④ 삼기로

3) 좋은 거로 하자면 한도 끝도 없고, 그렇다고 해서 싼 걸로 (マークシート25) 마음이 내키지 않고.

① 하자니까는 ② 하려니까 ③ 하는데야 ④ 할라치면

6 다음 문장들 중에서 **틀린 것**을 하나 고르십시오.
(마크시트의 26번～27번을 사용할 것) 〈1点×2問〉

1）マークシート26

① 이를 닦는데 치약을 그렇게 조금 붙여요?
② 어려운 한자에는 음을 달아 주면 어떨까요?
③ 셔츠의 단추를 달아야 하는데 마땅한 실이 없네요.
④ 결혼하고 이제까지 가계부를 계속 적어 왔다고요?

2）マークシート27

① 아이가 그림책을 집고는 사 달라고 떼를 썼다.
② 아버지는 30년째 교편을 취하고 계십니다.
③ 오늘 점심은 귀찮은데 배달을 시켜 먹는 게 어때요?
④ 일단 숙소를 잡고 떠나는 게 좋지 않을까요?

問　題

7 모든 (　　　) 안에 공통으로 사용할 수 있는 말로 가장 알맞은 것을 하나 고르십시오.
(마크시트의 28번~29번을 사용할 것)　　〈2点×2問〉

1) ・한두 가지만 (　　　) 넘어가고자 합니다.
・예상 문제를 (　　　) 줬는데도 성적이 안 좋았다.
・이마를 (　　　) 보니 열이 나는 것 같았다.

マークシート28

① 밝히다　② 대다　③ 찍다　④ 짚다

2) ・아름다운 경관은 관광객들의 혼을 쏙 (　　　).
・큰아이는 아비를 (　　　) 박았어요.
・그렇게 (　　　) 입고 어디 가게요?

マークシート29

① 끼다　② 빼다　③ 차리다　④ 뽑다

8 다음 문장들 중에서 한글 표기가 **틀린 것**을 하나 고르십시오.
(마크시트의 30번～32번을 사용할 것) 〈1点×3問〉

1) マークシート 30

① 눈에 띄는 행동은 가급적 안 했으면 좋겠다.
② 붉은색을 띤 장미가 제일 아름다운 것 같아요.
③ 미소를 띠고 계신 할머니의 모습을 사진에 담았다.
④ 아들은 나라의 큰 사명을 띠고 입대하게 되었다.

2) マークシート 31

① 쌀쌀한 날씨에는 펄펄 끓는 찌개가 최고지요.
② 입이 마르고 닳도록 얘기를 했는데도 소용이 없구먼.
③ 강아지가 밥이 모자란지 빈 그릇을 핥고 있네요.
④ 승리를 눈 앞에 두고 역전패로 결국 무릎을 꿇고 말았다.

3) マークシート 32

① 작품은 손으로 건드리지 말고 눈으로만 보세요.
② 며칠을 굶주르다 보니 다 맛있어 보이네요.
③ 여름옷이라도 너무 어깨가 드러난 거 아니에요?
④ 하루 종일 그렇게 허리를 수그리고 일해도 괜찮겠어요?

9 (　　　) 안에 들어갈 표현으로 가장 알맞은 것을 하나 고르십시오.
(마크시트의 33번~36번을 사용할 것)　　　〈1点×4問〉

1) A : 어젯밤에 울었어요? 눈이 퉁퉁 부었네요.
B : 리포트 과제가 끝나지 않아서 한숨도 못 잤거든요.
A : 저는 그러면 오히려 눈이 푹 꺼지는데.
B : 안 자려고 졸리면 눈을 비벼서 더 심해진 것 같아요.
A : (マークシート 33)
B : 그걸 진작에 알았으면 더 좋았을 걸 그랬네요.

① 녹차 팩을 차갑게 해서 눈 위에 5분 정도 올려 놓으세요.
② 피곤이 풀리게 조금이라도 눈 좀 붙이고 오세요.
③ 안과 처방전대로 해 보세요.
④ 그래도 리포트를 완성할 수 있어서 정말 다행이에요.

問 題

2） A：한 달 전에 메일로 공지 보낸 거 받았어?
B：금시초문인데. 무슨 연락이었지?
A：고등학교 동창회 안내문 못 봤어?
B：（マークシート34）
A：빠질 사람이 아닌데 하고 걱정했지 뭐야.

① 인터넷 연결은 아직 안 됐지만 확인은 끝냈어.
② 바이러스 때문에 피시가 다운됐을 땐가 보다.
③ 그날 다른 모임이 있어 참석 못해.
④ 다시 보내 줘서 정말 고마워.

3） A：요즘 통 소식이 뜸해서 궁금했어요.
B：네, 그럴 사정이 좀 있었어요.
A：왜요? 무슨 일 있었어요?
B：그동안 정신이 없어서 연락할 겨를도 없었네요.
A：（マークシート35）
B：어떻게 그걸?

① 아무리 그래도 그렇지, 나한테까지 연락을 안 해요?
② 건강도 챙겨 가면서 일을 해도 해야지요.
③ 그랬군요. 얼마나 불안했는지 몰라요.
④ 혹시 요즘 드라마에 푹 빠져 있는 거 아니에요?

問　題

4） A：유진 씨는 옷을 그렇게 많이 사니 옷값이 장난 아니겠어요.

B：아무리 그래도 제가 아무 때나 사겠어요?

A：생일이나 월급날 그런 때 대량으로 장만하시나요?

B：실은 재고 정리 때를 잘 노려서 알뜰하게 구입하는 거예요.

A：（マークシート36）

B：하지만 신상품 한 벌 값으로 여러 개 살 수 있어요.

① 정말이지 절약이 몸에 배신 것 같아요.

② 저도 유진 씨를 본받아서 멋진 옷을 마련하고 싶어요.

③ 그럼 유행이 다 지나간 것들 아니에요?

④ 그래도 유행을 안 타는 것들을 잘 고르시네요.

10 다음 글을 읽고 【물음】에 답하십시오.
(마크시트의 37번～38번을 사용할 것)　　　　〈1点×2問〉

1）

지금까지는 아파트 경비원이 택배 배달이나, 개인적인 심부름까지 주민들에게 부탁받는 일이 있어 부담이 되어 왔다. 하지만 개정된 공동주택관리법에 의하면 택배 배달이나 주차를 대신하는 행위 등은 경비원의 기본 업무에서 제외되었다. 법이 정한 업무는 청소 및 분리수거 등의 아파트 환경 관리와 안전 관리 역할이다. 법을 어기면 시정 명령이 내려지며, 이를 거부하면 벌금형이 떨어진다.

【물음】 이 글의 내용과 일치하지 않는 것을 하나 고르십시오.

マークシート 37

① 경비원들의 업무를 덜어 주는 쪽으로 법이 바뀌었다.
② 지금까지의 경비원 업무가 환경 관리와 안전 관리로 통합되었다.
③ 주민들의 도를 넘은 요구가 종종 문제가 되고 있었다.
④ 법을 지키지 않는 주민에 대해서는 주의와 벌금이 부과된다.

問 題

2）

겨울철에는 9시부터 12시, 16시부터 19시까지가 전기 수요가 가장 높다. 이때 전기를 쓰면 효율도 낮고 요금도 비싸다. 수요가 높은 시간대에는 생산 단가가 높은 발전기까지 가동되고, 수요가 낮은 시간대는 단가가 낮은 발전기가 주로 가동되기 때문이다. 그 외 계절의 최대 부하* 시간대는 10시부터 12시, 13시부터 17시이므로 이를 피하면 에너지도 요금도 절약할 수 있다.

*) 부하：負荷

【물음】 이 글의 내용과 일치하는 것을 하나 고르십시오.

マークシート 38

① 여름철과 겨울철에는 요금이 낮아지는 시간대가 반대이므로 주의가 필요하다.

② 수요가 낮은 시간에는 전기 사용량에 관계없이 정액제로 설정되어 있다.

③ 계절에 상관없이 발전기 가동 대수를 제한시키면 에너지 절약이 가능해진다.

④ 시간을 잘 맞추어 현명하게 전기를 사용함으로써 에너지를 아낄 수 있다.

11 다음 글을 읽고 【물음 1】~【물음 2】에 답하십시오.
(마크시트의 39번~40번을 사용할 것) 〈2点×2問〉

현명한 소비자가 되기 위해서는 광고에 대한 비판적인 시각을 가져야 한다. (A) 상업적 목적의 광고를 대할 때에는 '광고에서 내세운 유명인이 그 제품과 관련된 전문가인가?', '품질이나 성능이 검증된 제품인가?', '통계 자료는 믿을 만한가?' 등의 질문을 통해 그 내용을 잘 파악해야 한다. (B) 허위나 과장 광고가 아닌지, 제품의 이미지만을 전달하고 상세한 제품의 기능이나 특성을 알 수 없는 것은 아닌지 따져 봐야 한다.

광고의 도덕성도 소비자가 판단해야 한다. 비슷한 다른 제품의 단점을 드러내거나 이미지를 훼손하고 있지는 않은지 봐야 한다.

어떤 광고는 소비자를 자극하기 위해 비속어*와 은어*를 사용하는데, 올바른 소비자로서 광고에 등장하는 언어 역시 냉철하게 수용해야 한다.

(C) 광고를 비판적으로 바라보는 눈을 길러야만 광고의 내용을 바르게 이해할 수 있다. (D) 상품의 특징과 장단점도 현명하게 분석할 수 있다.

*) 비속어 : 卑俗語、은어 : 隠語

問　題

【물음 1】 본문에서 A／B／C／D에 들어갈 단어의 순서로 가장 알맞은 것을 하나 고르십시오. マークシート39

① A그리고　B특히　C그럼으로써　D이처럼
② A특히　B그리고　C이처럼　D그럼으로써
③ A그리고　B이처럼　C특히　D그럼으로써
④ A특히　B이처럼　C그럼으로써　D그리고

【물음 2】 본문에서 광고를 비판적으로 수용해야 한다고 한 이유로 알맞지 않은 것을 하나 고르십시오. マークシート40

① 소비자가 날카롭게 지켜보지 않으면 품질 저하로 이어질 수 있어서
② 다른 제품을 비하시켜 자신들의 제품을 좋게 포장할 수 있어서
③ 제품에 대한 정보보다는 사람들의 이목을 끄는 데만 집중할 수 있어서
④ 자극적인 문구나 내용으로 소비자들의 소비 욕구를 돋울 수 있어서

12 다음 글을 읽고 【물음 1】～【물음 2】에 답하십시오.
(마크시트의 41번～42번을 사용할 것)　〈2点×2問〉

〔북(北)의 문헌에서 인용〕

평양문화어는 언어구조의 치밀성과 그 풍부성, 규범의 인민적성격과 순수성, 현대적인 세련미에 있어 다른 언어보다 뛰여나다.（ A ）

특히 아름다운 말소리는 그 우수성의 하나이다.

말소리가 아름다운것은 류창한 소리에 고저장단이 있고 억양*도 좋기때문이다.

조선어의 말소리체계에는 거친 소리나 내쉬는 숨을 막아버리는 소리, 코소리가 거의 없으며 소리가 순하고 울림소리가 많다.（ B ）

유순하고 조화로운 우리 말소리의 특성에는 예로부터 부드럽고 점잖으면서도 지혜롭고 진취적*인 우리 인민의 성격적특질이 그대로 반영되여있다.（ C ）

보통 억양에는 그 언어 창조자들의 성격적기질이 반영되는데 평양문화어로는 희로애락을 비롯한 복잡하고 섬세한 사상감정과 심리상태를 구체적으로 잘 표현할수 있다.（ D ）

모두 평양문화어의 우수성을 잘 알고 적극 살려씀으로써 아름다운 생활문화를 창조해나가야 할 것이다.

*) 억양(抑揚)：イントネーション、진취적：進取的

【물음 1】 본문에서 다음 문장이 들어갈 위치로 가장 알맞은 것을 하나 고르십시오. マークシート41

> 실지 언어행위속에서 울림소리의 사용비률은 거의 70%인데 이는 말소리흐름을 류창하고 아름답게 만들어주는 조건의 하나로 된다.

① (A)　② (B)　③ (C)　④ (D)

【물음 2】 본문에서 평양문화어에 대한 설명으로 알맞지 않은 것을 하나 고르십시오. マークシート42

① 인간의 감정이나 생각을 소리로 잘 나타낼 수 있다.
② 소리의 고저장단이 잘 갖추어져 있고 품위가 있다.
③ 콧소리를 통한 울림으로 말소리의 흐름을 부드럽게 해준다.
④ 억양에서 언어 체계를 구축해 온 사람들의 기질을 느낄 수 있다.

問題

13 밑줄 친 부분을 문맥에 맞게 정확히 번역한 것을 하나 고르십시오.
(마크시트의 43번～46번을 사용할 것)　〈1点×4問〉

1）뭐가 그리들 바쁜지 모이기 한번 참 힘들다.　マークシート 43

① 集まるのも一苦労だ。
② 大変な思いをしてまで集まった。
③ 会えるのは今回限りだ。
④ 会えるにはまだ時間がかかりそうだ。

2）몰래 진행하던 일이 들통나게 생겼어요.　マークシート 44

① 予想外の事が起きそうです。
② あらわになりました。
③ ばれるのは時間の問題です。
④ 明らかになりました。

3）어떻게 구워삶았는지 오빠가 순순히 해 주겠다네요.
マークシート 45

① どうやっておだてたのか
② どのように調理したのか
③ いかに釣り合いを取ったのか
④ どう言いくるめたのか

4）겨우내 기승을 부리던 추위도 어느덧 누그러들었다.

マークシート 46

① ついに姿を消した。
② すっかり染み込んだ。
③ 気づいたらどんよりしていた。
④ いつの間にか和らいだ。

14 밑줄 친 부분을 문맥에 맞게 정확히 번역한 것을 하나 고르십시오.
(마크시트의 47번～50번을 사용할 것)　〈2点×4問〉

1）職場では清潔で質素な身なりを心がけましょう。　マークシート 47

① 궁핍한 복장
② 알뜰한 착용
③ 검소한 차림
④ 구차한 겉모습

問　題

2）彼もこの商売にはある程度熟達したことでしょう。　マークシート48

① 웬만큼 이력이 붙었겠지요.
② 어느 정도 싫증이 났을 거예요.
③ 어쩌면 숙련되었겠지요.
④ 웬만하면 능숙해질 법도 한데요.

3）気が散って集中できないじゃないか。　マークシート49

① 감정을 해쳐서
② 얼이 빠져서
③ 정신이 사나워서
④ 제정신이 아니라서

4）不愛想な我が娘がお花を送ってくれるなんて、長生きしてみるもんだね。　マークシート50

① 인생 길게 봐야겠군.
② 오래 살고 볼일이군.
③ 장수해야 할 것 같네.
④ 오래 사니까 받아 보네.

解　答　（＊白ヌキ数字が正答番号）

聞きとり 解答と解説

1 短い文を聞いて、一致するものを選ぶ問題 〈各２点〉

1）그 경황에 누굴 알아보고 자시고 할 사이가 있었겠어요?
→ その状況で誰かを見分けるも何も、そんな時間があったでしょうか？

❶ 그 상황에 인사를 나누고 그럴 정신은 없었을 거예요.
→ その状況で挨拶を交わすそんな余裕はなかったでしょう。

② 두루 참견할 형편은 아니었던 걸로 보여요.
→ 何にでも口出しする状況ではなかったように思われます。

③ 그새 그걸 눈치 채셨다는 게 놀라울 따름이에요.
→ その間にそれに気づいたということに、驚くばかりです。

④ 핑계 댈 틈을 안 주니 자기도 어쩔 수 없었겠죠.
→ 言い訳をする暇を与えてくれないから、自分でも仕方なかったのでしょう。

2）듣기 좋은 소리도 작작 해야죠.
→ 耳当たりのよい話もいい加減にしないといけないでしょう。

① 들어서 기분 좋은 말은 자꾸 해 줘야 해요.
→ 聞いて嬉しいことは、何度も言ってあげなければなりません。

② 긍정적 효과가 있는 이야기는 되풀이하는 게 좋아요.
→ 肯定的な効果のある話は、繰り返すのがいいです。

❸ 좋은 말도 너무 반복하면 오히려 역효과를 내는 수가 있어요.
→ 良い言葉も繰り返しすぎると、かえって逆効果になることがあります。

④ 말을 잘못 하면 도리어 욕을 먹는 경우도 있어요.
→ 言い間違えると、かえって悪口を言われる場合もあります。

解　答

3）왜 하필 저더러 가라고 하는 건지 알다가도 모르겠어요.

→ どうしてよりによって私に行けと言うのか、分かるようで分かりません。

① 부득이 가긴 해야 할 것 같은데 대체 왜 그래야 하는지 모르겠어요.

→ やむを得ず行かなければならないようですが、一体なぜそうしなければならないのか分かりません。

② 가고 싶다고 할 땐 들은 척도 안 하더니 이제 와서 가라고요?

→ 行きたいと言ったときは聞くふりもしなかったのに、今さら行けですって？

❸ 왜 꼭 저를 보내려 하는 건지 이해하려 해도 알 도리가 없어요.

→ なぜ必ず私を行かせようとするのか、理解しようとしても知るよしもありません。

④ 그곳에 제가 왜 가야 하는지 알긴 알겠는데 가고 싶지 않아요.

→ そこに私がなぜ行かなければならないのか、分かることは分かりますが、行きたくありません。

2 正しい応答文を選ぶ問題 〈各２点〉

1）여：너 요즘 빈둥거리더니, 살 오른 것 좀 봐.

남：누나 보기에 그래? 난 잘 못 느끼겠는데.

여：야식을 좀 줄이고 꾸준히 몸 좀 움직여 봐.

남：(살이 좀 붙었다면 보기도 더 좋잖아.)

[日本語訳]

女：おまえ最近ぶらぶらしていると思ったら、肉がついたみたいだわ。

男：姉さんにはそう見える？ 僕はそう感じられないけど。

女：夜食を減らして根気よく体を動かしてみなよ。

男：(少し太ったら、見た目ももっといいじゃないか。)

解　答

① 운동을 과하게 했더니 몸이 좀 나른한가 봐.

→ 運動をやりすぎたから、体がちょっとだるいみたい。

❷ 살이 좀 붙었다면 보기도 더 좋잖아.

→ 少し太ったら、見た目ももっといいじゃないか。

③ 단 음식을 끊었는데도 자꾸 살이 쪄서 고민이야.

→ 甘い物を絶ったのに、肉が付くばかりで悩むよ。

④ 하루에 두 끼만 먹었더니 몸이 한결 가뿐해졌어.

→ 一日に二食だけ食べるようにしたら、体が一層軽くなった。

2) 여 : 부장님 연세 들으셨어요?

남 : 네, 예순이 넘으셨다니. 외모만 보면 50도 안 돼 보이는데.

여 : 제 말이요, 새벽마다 약수터에 다니신다더니 역시.

남 : (저도 본받아야 되겠는걸요.)

[日本語訳]

女 : 部長の年齢、お聞きになりましたか？

男 : はい、60は超えていらっしゃるって。見た目だけなら50にもなっていないように見えるけど。

女 : そうですよね、やはり毎朝早く湧き水の出るところに歩いて行かれるそうですから。

男 : (私も見習わなくてはなりませんね。)

❶ 저도 본받아야 되겠는걸요.

→ 私も見習わなくてはなりませんね。

② 그러게 나이는 속일 수 없다니까요.

→ だから年齢はごまかすことができませんよ。

解　答

③ 실제보다 나이가 들어 보여서 놀랐어요.

→ 実際より老けて見えて驚きました。

④ 오래 살다 보니 별꼴을 다 보네요.

→ 長く生きてみると、とんでもない事に出くわすんですね。

3）여 : 다음 주말에 시간 좀 내 주실 수 있으세요?

남 : 할 일도 없고 해서 영화나 한 편 볼까 했는데 왜요 ?

여 : 제가 간신히 면허를 땄는데 자신이 좀 없어서요.

남 : (실제로 차 모는 건 또 다르니까요.)

［日本語訳］

女：来週末に時間を作っていただけますか？

男：やることもないので映画でも見ようかと思っていたんですが、どうしたんですか？

女：私やっと免許を取ったのですが、ちょっと自信がなくて。

男：(実際に車を運転するのは、また違いますからね。)

① 영화 뭐 좋은 거 있으면 같이 봐요.

→ 何かいい映画があれば一緒に見ましょう。

② 연습을 하고 가야 좋은 점수를 따지요.

→ 練習をして行かないと、良い点数が取れないでしょう。

③ 시험에 붙어야 운전대도 잡게 되는 거 아닌가요?

→ 試験に受からないと、ハンドルも握れないんじゃないですか？

❹ 실제로 차 모는 건 또 다르니까요.

→ 実際に車を運転するのは、また違いますからね。

解　答

3 対話文を聞いて、問いに答える問題（選択肢は活字表示）〈各２点〉

１）女性の考えとして正しいものを選ぶ問題

남：왜 수학 수업을 자꾸 동영상 같은 과제 발표로 대체하는지 모르겠어요.
여：선생님이 뭔가 의도하시는 바가 있겠지요.
남：차라리 그 시간에 문제 하나 더 푸는 게 낫지 시간 낭비라고요.
여：일리는 있는데 요즘 애들이 가만히 앉아서 문제를 풀겠어요? 시청각 효과를 통해서 아이들을 학습으로 유도하자는 거죠.

［日本語訳］
男：なぜ数学の授業をしきりに動画のような課題発表に代えるのか分かりません。
女：先生が何か意図していらっしゃることがあるのでしょう。
男：いっそのことその時間に問題をもう一問解く方がましでしょう。時間の無駄遣いです。
女：一理ありますが、最近の子供たちがじっと座って問題を解くでしょうか？　視聴覚効果を通して子供たちを学習に誘導しようということでしょう。

① 수학은 문제 하나라도 더 푸는 것이 효과적이다.
　→ 数学は問題を一つでも多く解くのが効果的だ。
② 리포트나 동영상 제작을 아이들이 더 좋아한다.
　→ レポートや動画制作のほうが子供たちは好きだ。

解　答

❸ 과제 발표는 아이들의 흥미를 살려 학습 효과를 높인다.

→ 課題発表は子供たちの興味を生かし、学習効果を高める。

④ 동영상을 보면서 문제를 푸는 것이 더 효율적이다.

→ 動画を見ながら問題を解くのがもっと効率的だ。

2）女性の主張として正しいものを選ぶ問題

남：애가 읽으라는 책은 안 읽고 스마트폰만 붙잡고 살아요.

여：요즘 애들이 누가 책만 봐요? 인터넷으로 정보를 더 많이 얻는데.

남：그래도 활자를 보고 종이를 넘기면서 쓰고 그래야 제 것이 되는 법인데.

여：세대가 다른데 우리랑 같아야 한단 생각일랑 버리고 아이들 마음도 이해해 줘야죠.

[日本語訳]

男：子供が、読めという本は読まずにスマートフォンばかりいじっているんです。

女：最近の子供たちの誰が本だけ読みますか？ インターネットで情報をもっとたくさん得ているのに。

男：それでも、活字を読んで紙をめくりながら書いてこそ、自分のものになるものなのに。

女：世代が異なるのだから、私たちと同じでなければならないという考えなどは捨てて、子供たちの気持ちも理解してあげなければならないでしょう。

解答

① 아이를 잘 타일러 책도 조금은 보게 해야 한다.

→ 子供によく言い聞かせて、本も少しは読ませなければならない。

❷ 어른들이 아이들의 눈높이로 바라봐 줘야 한다.

→ 大人たちが子供たちの目線で見てあげなければならない。

③ 인터넷으로 필요한 정보를 다 얻기엔 한계가 있다.

→ インターネットで必要な情報を全て得るには限界がある。

④ 책을 통해서 다른 사람들의 경험을 간접 체험할 수 있다.

→ 本を通して他者の経験を間接的に体験できる。

3）男性の主張として正しいものを選ぶ問題

남：우리 경찰관들이 본의 아니게 오해를 받는 일이 있어 안타까워요.

여：현장에 출동했는데 환자를 그냥 방치한다는 것이 대표적이죠.

남：섣불리 환자를 건드렸다가 상태가 더 심각해질 수 있기 때문에 더 큰 피해를 막기 위한 어쩔 수 없는 조치거든요.

여：그래도 응급 구조대가 올 때까지 가능한 조치는 해 줄 수 없나 싶어요.

[日本語訳]

男：我々警察官が不本意ながら誤解を受けることがあり残念です。

女：現場に出動したのに、患者をそのまま放置したというのが代表的なことでしょう。

男：うかつに患者に触れると状態がさらに深刻になる可能性があるので、より大きな被害を防ぐためのやむを得ない措置なのです。

女：それでも救急救助隊が来るまで、可能な措置はしてあげられないのかと思います。

解　答

① 간단한 조치는 취했으나 시민들의 불만이 사그라들지 않고 있다.
→ 簡単な措置は取ったが、市民の不満は収まっていない。

② 부상을 당한 환자의 신분을 확인하는 것이 급선무이다.
→ 負傷した患者の身分を確認することが急務だ。

❸ 지식이나 기술도 없이 무작정 도왔다가는 화를 초래할 수 있다.
→ 知識や技術もなく、むやみに助けては災いを招く可能性がある。

④ 경찰관에게 응급조치 교육을 시켜 큰 피해를 막을 수 있게 해야 한다.
→ 警察官に応急措置教育を施し、大きな被害を防ぐことができるようにしなければならない。

4 文章を聞いて、問いに答える問題（選択肢は活字表示）〈各２点〉

1）内容一致問題

주말이라 외출 앞두고 계신 분들 많으실 텐데요. 어제 날씨 생각하고 옷차림하시면 감기 걸리기 쉽겠습니다. 오늘은 북서쪽에서 찬 공기가 기온을 끌어내려 종일 쌀쌀할 겁니다. 특히 서울은 어제보다 낮기온이 10도 가까이 뚝 떨어졌는데요. 오늘 하늘은 구름 없이 맑겠지만 찬바람에 체감 추위는 더 심하겠습니다.

[日本語訳]

週末なので外出予定の方も多くいらっしゃるでしょう。昨日の天気を考えて服装を選ぶと風邪をひきやすいでしょう。今日は北西からの冷た

解　答

い空気が気温を引き下げ、一日中肌寒いでしょう。特にソウルは昨日より日中の気温が10度近くぐんと下がりました。今日の空は雲もなく晴れるでしょうが、冷たい風で体感の寒さはさらに厳しくなるでしょう。

① 어제부터 북서쪽에서 유입된 찬 공기로 인해 쌀쌀해졌다.
　→ 昨日から、北西から入ってきた冷たい空気によって肌寒くなった。
② 주말은 날씨가 맑고 청정하여 지내기 좋을 것이다.
　→ 週末は天気がすっきりと晴れて過ごしやすいだろう。
③ 기온은 낮지만 하늘이 맑아 체감 온도는 올라갈 것이다.
　→ 気温は低いが、空が晴れて体感温度は上がるだろう。
❹ 오늘은 따뜻하게 차려입고 나가는 것이 좋다.
　→ 今日は暖かく着込んで出かけるのがよい。

2）内容一致問題

수면 부족은 노동력 감소의 큰 요인이 될 수 있다는 미국의 연구 결과가 나왔다. 노동자들의 수면 부족은 사망 확률을 높이고 결근과 근무 태만 가능성을 키우게 되기 때문에 업무 수행 능력이 악화되어 생산성 감소로 이어질 수도 있으므로 상당한 경제적 비용이 따르게 된다는 것이다.

[日本語訳]

睡眠不足は労働力減少の大きな要因になりうるという米国の研究結果が出た。労働者の睡眠不足は死亡率を高め、欠勤と勤務怠慢の可能性を高めることになるため、業務遂行能力が悪化し生産性減少につながりかねないので、相当な経済的費用を伴うことになるというのだ。

解　答

① 수면 장애로 인해 해마다 사망하는 노동자들이 늘고 있다.
→ 睡眠障害によって毎年死亡する労働者が増えている。

❷ 수면 부족은 막대한 경제 손실을 유발할 수도 있다.
→ 睡眠不足は莫大な経済損失を誘発しかねない。

③ 수면 시간을 충분히 확보하지 못해 노동자들이 일을 지연시키고 있다.
→ 睡眠時間を十分に確保できず、労働者が仕事を遅延させている。

④ 수면 시간 확보를 위해 기업이 경제적인 비용을 부담하기로 했다.
→ 睡眠時間確保のために企業が経済的な費用を負担することにした。

3）内容一致問題

우리 몸은 활동 시기보다 밤에 체온이 떨어지기 때문에 수면 중에는 기온을 약간 낮게 유지하면 편안함을 느낀다. 온도는 살짝 낮게 유지하되, 손이나 발처럼 추위를 쉽게 느끼는 부위는 이불을 덮어 체온을 유지하면 좋다. 민감해서 잘 깨는 편이라면 얇은 이불보다는 무게감이 있는 것을 권한다.

[日本語訳]

私たちの体は活動している時間より夜に体温が下がるため、睡眠中は気温を若干低く維持すると安らかさを感じる。温度は少し低く維持するが、手や足のように寒さを感じやすい部位は、布団をかけて体温を維持すれば良い。敏感でよく目を覚ますのであれば、薄い布団よりは重さがあるものを勧める。

解　答

① 가벼운 이불을 덮고 자면 푹 잘 수 있다.

→ 軽い布団をかけて寝るとぐっすり眠れる。

② 체온을 낮추려면 실내 온도를 약간 높이는 것이 좋다.

→ 体温を下げようとするならば、室内温度を若干上げるのがよい。

❸ 예민한 사람은 좀 더 무거운 이불을 덮는 게 좋다.

→ 敏感な人はもう少し重い布団をかけるのがよい。

④ 이불을 얇게 하여 체온을 조금 낮게 유지시킨다.

→ 布団を薄くして体温を少し低く維持させる。

5 対話文を聞いて、2つの問いに答える問題(選択肢は活字表示)〈各 2 点〉

남 : 앞으로 편의점에서도 비닐봉지 사용이 금지된다지요?

여 : 네, 그뿐 아니라 식당에서는 일회용 컵, 플라스틱 제품도 사용이 금지된대요. 비닐봉지 정도는 돈을 내면 살 수 있게 해도 되지 않아요?

남 : 에코백이 생활화된 요즘 저는 환경 보존을 위해 왜 진작에 비닐봉지 사용을 금하지 않았는지 의문이었어요.

여 : 그래도 살다보면 깜박하고 못 챙겨 나갈 때도 있고 갑자기 뭔가 구입을 해야 할 때도 있잖아요. 봉지 때문에 사야 하는 것을 사지 못할 수도 있다는 게 말이 돼요? 그러면 경제 손실도 생길 것 같은데. 무슨 생각으로 정책을 그리 급히 바꾸는지 당황스러워요.

남 : 바로 단속을 하는 게 아니라 1년 정도의 시간을 두고 개선해 나간다니 두고 봐야죠.

여 : 규제를 하더라도 일단은 대안을 설정해 놓고 국민들에게 설명을 해야 납득할 수 있지 않겠어요?

解　答

［日本語訳］

男：これからコンビニでもビニール袋の使用が禁止されるんですって？

女：はい、それだけでなく食堂では使い捨てカップ、プラスチック製品も使用が禁止されるそうです。ビニール袋くらいはお金を払えば買えるようにしてもいいんじゃないですか？

男：エコバッグが生活の一部になった今、私は環境保全のためになぜもっと早くビニール袋の使用を禁じなかったのか疑問でした。

女：それでも、日常生活ではうっかり忘れて出かけるときもあるし、急に何か買わなければならないときもあるじゃないですか。袋のせいで買わなければならないものを買えないこともあるというのは話にならないのではありませんか？ それでは経済の損失も生じそうだし。何を考えて政策をそんなに急いで変えるのか戸惑います。

男：すぐに取り締まるのではなく、1年くらいの時間をかけて改善していくそうですから、様子を見なければならいでしょう。

女：規制をするにしても、一応代案を設定しておいて、国民に説明をしなければ納得できないのではないでしょうか？

【問１】 女性の考えとして正しいものを選ぶ問題

① 친환경을 위해서라면 좀 획기적인 제도 변화가 필요한 시점이다.

→ エコのためであれば、少し画期的な制度変化が必要なときだ。

② 비닐봉지뿐 아니라 일회용 컵 등의 사용도 진작 금지를 시켰어야 했다.

→ ビニール袋だけでなく、使い捨てカップなどの使用ももっと早く禁止させるべきだった。

③ 비닐봉지 사용이 금지되더라도 편의점의 손실은 크지 않을 것이다.

→ ビニール袋の使用が禁止されたとしてもコンビニの損失は大きくないだろう。

解　答

❹ 국민들이 받아들이기 어려운 규제를 누구를 위해 하는지 모르겠다.
→ 国民が受け入れがたい規制を誰のためにするのか分からない。

【問２】 内容一致問題

❶ 환경에 유해한 제품들의 규제 단속을 당장 실시하지는 않는다.
→ 環境に有害な製品の規制取り締まりを直ちに実施するのではない。

② 식당에서 음식을 싸 가지고 갈 때만 비닐봉지를 구입할 수 있다.
→ 食堂で食べ物をテイクアウトするときだけ、ビニール袋を購入できる。

③ 정부도 환경 문제 개선을 위해 대안을 내세울 수밖에 없었다.
→ 政府も環境問題改善のために、代案を打ち出すしかなかった。

④ 갑작스러운 규제 발표에도 대안들이 속속 나오고 있다.
→ 突然の規制発表にも、代案が続々と出てきている。

6 文章を聞いて、２つの問いに答える問題(選択肢は活字表示)〈各２点〉

공기 청정기는 때때로 꺼 줘야 합니다. 특히 주방에서 요리할 때 기름이나 수분이 있는 음식을 가열하면 미세한 기름 알맹이와 수증기가 발생하는데 공기 청정기가 미세 먼지로 인식하고 강하게 작동하면서 빨아들입니다. 이때 기름 알맹이가 공기청정기 필터에 부착되면서 수명을 떨어뜨리죠. 일단 환기를 하고 그 후에 공기 청정기를 가동해야 합니다. 또 가습기와 함께 쓰는 것도 필터 수명에 안 좋습니다. 청소할 때도 꺼 두는 것이 좋습니다. 창문을 열고 환기 중에 공기 청정기를 트는 분들도 계신데요. 환기 중에는 껐다가 창문을 닫고 켜는 게 좋습니다. 집안에서도 미세 먼지가 발생하므로 환기는 꼭 필요합니다.

解　答

［日本語訳］

空気清浄機は時々電源を切らなければなりません。特にキッチンで料理するとき、油や水分のある食べ物を加熱すると微細な油の粒と水蒸気が発生しますが、空気清浄機が微細なホコリと認識して強力に作動し吸い込みます。このとき、油の粒が空気清浄機のフィルターに付着し寿命を縮めるのです。ひとまず換気をして、その後で空気清浄機を稼動しなければなりません。また加湿器といっしょに使うのもフィルターの寿命によくありません。掃除するときも切っておくのがよいです。窓を開けて換気中に空気清浄機をつける方もいらっしゃいますよね。換気中は切って、窓を閉めてからつけるのがよいです。家の中でも微細なホコリが発生するため、換気は絶対に必要です。

【問１】 文のタイトルとして最も適切なものを選ぶ問題

① 공기 청정기와 가습기의 차이 → 空気清浄機と加湿器の違い
② 공기 청정기의 살균 효과 → 空気清浄機の殺菌効果
❸ 공기 청정기의 올바른 사용법 → 空気清浄機の正しい使用法
④ 공기 청정기와 환기의 관계성 → 空気清浄機と換気の関係性

【問２】 内容一致問題

① 창문을 활짝 열고 공기 청정기를 켜 두면 환기가 더 빠르게 된다.
→ 窓を全開にして空気清浄機をつけておけば、換気がもっと早くできる。

❷ 가습기를 돌릴 때에는 공기 청정기를 멈춰 주는 것이 좋다.
→ 加湿器を動かすときは、空気清浄機を止めるほうがよい。

解　答

③ 청소기에서 나오는 미세 먼지도 공기 청정기는 잡아 줄 수 있다.

→ 掃除機から出る微細なホコリも、空気清浄機は捕らえることができる。

④ 요리시에는 환기와 동시에 공기 청정기를 돌려 주어야 효과적이다.

→ 調理の際には、換気と同時に空気清浄機を回すのが効果的だ。

7 正しい日本語訳を選ぶ問題(選択肢は活字表示)　〈各2点〉

1) 제가 (늘그막에 접어들어) 얻은 행복이라 더 귀중해요.

→ 私が晩年に入って手に入れた幸せなので、なおさら貴重です。

① 紆余曲折(うよきょくせつ)を経た後に　→ 우여곡절을 겪은 후에

② 心身の衰え(おとろ)を感じた頃に　→ 심신이 쇠약해질 무렵에

③ 日暮れに差しかかって　→ 해 질 녘에 접어들어

❹ 晩年に入って　→ 늘그막에 접어들어

2) 뭐가 서운했는지 (코빼기도 안 내밀더라고요.)

→ 何が寂しかったのか、まったく顔を出さなくなりました。

❶ まったく顔を出さなくなりました。

→ 코빼기도 안 내밀더라고요.

② ちっとも興味を示さなくなりました。

→ 전혀 흥미를 보이지 않게 되더라고요.

③ すぐに出鼻をくじかれました。

→ 바로 기세가 꺾였어요.

解 答

④ すっかり姿を潜(ひそ)めてしまいました。

→ 완전히 모습을 감추더라고요.

3）글도 (안 써 버릇하면) 녹슬어요.

→ 文章も書かなくなってしまうと腕が鈍ります。

❶ 書かなくなってしまうと → 안 써 버릇하면
② 使わないのがくせになると → 안 쓰는 게 버릇이 되면
③ 常に書く習慣をつけると → 항상 쓰는 습관을 들이면
④ 書きぐせがあると → 쓰는 습관이 있으면

4）(아무려면 그 좋은 걸 버리려고요.)

→ あんなに優れたものを手放すはずがないでしょう。

① 良いものだけど仕方なく捨てようと思います。
→ 좋은 건데 어쩔 수 없이 버리려고요.
② まだ使えるものを駄目にしてしまうでしょう。
→ 아직 쓸 수 있는 걸 못 쓰게 해 버릴 거예요.
③ 良いものはすぐ分かってしまうでしょう。
→ 좋은 건 금방 알게 될 거예요.
❹ あんなに優れたものを手放すはずがないでしょう。
→ 아무려면 그 좋은 걸 버리려고요.

解　答　（＊白ヌキ数字が正答番号）

筆記 解答と解説

1 空欄補充問題（語彙問題）　〈各 1 点〉

1）이번 실수는 사장님이 넓은 (도량)으로 감싸 주셔서 그냥 넘어갈 수 있었다.

→ 今回の失敗は社長が広い度量で庇（かば）ってくださったので、そのままやり過ごすことができた。

❶ 도량 → 〈度量〉度量　② 교량 → 〈橋梁〉橋梁

③ 성향 → 〈性向〉性向、気質　④ 수용 → 〈受容〉受容、受け入れ

学習P 適切な漢字語名詞を選ぶ問題。正答①の도량は넓다、크다と一緒によく使われる。③の성향は있다、강하다、띠다と一緒によく使われ、「そういう傾向がある」という意味を表す。

2）이모 댁에 (더부살이)로 계속 있을 수도 없는 노릇이라 방을 구하려고요.

→ おばの家に居候（いそうろう）を続けるわけにもいかないので、部屋を探そうと思います。

① 보금자리 → ねぐら、(住み心地のよい)家庭、すみか

② 가장자리 → 端、縁

❸ 더부살이 → 住み込み、居候

④ 하루살이 → その日暮らし

学習P 適切な固有語名詞を選ぶ問題。正答③の더부살이は얹혀살다とも言う。「住み込み」という意味もあるが、「居候」の意味として最もよく使われている。더부살이로、더부살이 신세の形で使われることが多い。

解　答

3）어디를 가는지 옷을 (주섬주섬) 챙겨 입더니 아무 말도 없이 나갔어요.

→ どこに行くのか、服を一着一着着込むと、何も言わずに出かけました。

① 차곡차곡 → きちんきちんと

❷ 주섬주섬 → 一つ一つ、一着一着

③ 주렁주렁 → ふさふさと、鈴なりに

④ 웅얼웅얼 → ぶつぶつと

学習Ⓟ 適切な副詞を選ぶ問題。正答②の주섬주섬は、「散らかっているものを一つ一つまとめて拾い収めるさま」という意味と、주섬주섬 변명을 늘어놓다のように「一々」という意味で「一つ一つ言い訳を言う」という使い方もある。ここでは最初の意味で使われている。

4）(개정된) 도로 교통법에 대해 알고 싶어 왔습니다.

→ 改正された道路交通法について知りたくて来ました。

❶ 개정된 → 〈改定-〉改定された

② 방출된 → 〈放出-〉放出された

③ 전복된 → 〈転覆-〉転覆された

④ 할증된 → 〈割増-〉割り増しされた

学習Ⓟ 適切な漢字語動詞を選ぶ問題。正答①の개정には「改正、改定、改訂」という意味があるが、「改正」は「文書の内容などが正しく直される」、「改定」は「すでに決まっていたことが改められる」、「改訂」は「間違えた文字や文章を正しく直す」という意味で日本語と同じように使われる。

5）비리를 (일삼던) 임원들이 이번 이사회에서 경고를 받았다.

→ 不正を日常的に行っていた役員たちが、今回の理事会で警告を受けた。

解　答

① 사무치던　→(身に)しみた、胸が痛んだ

② 새기던　→ 刻んだ、(言葉、文意を)かみくだいた

③ 깨뜨리던　→ 割った

❹ 일삼던　→ 仕事としていた、(良くないことに)没頭した、ふけた、熱中した

学習P 適切な固有語動詞を選ぶ問題。正答④の일삼다は「良くないことを繰り返して行う」という意味で부정부패를 일삼다、험담을 일삼다などの形でよく使われる。また、「やるべきことだと思う」という意味で、교실 청소를 일삼아 해 왔다のようにも使う。

6）경계가 (느슨한) 틈을 타서 도주를 시도했지요.

→ 警戒が緩い隙を狙って、逃走を試みました。

❶ 느슨한　→ 緩んだ、緩い、たるんだ

② 빠듯한　→ ぎりぎりな、きっちりな、ぴったりな

③ 야박한　→ 薄情な、冷たい

④ 은은한　→ かすかで明らかでない、色彩が柔らかくて品がある

学習P 適切な形容詞を選ぶ問題。正答①の느슨하다は 옷이 느슨하다、허리띠가 느슨하다のように「緩い」という意味以外に、성격이 느슨하다と言うと「締まりがない」という意味になる。ここでは경계가 느슨하다「警戒が緩い」という意味で使われている。②の빠듯하다は「きっちりだ、ぎりぎりだ」という意味で일정이 빠듯하다、빠듯한 생활비のように使われる。

7）그는 나를 한 번 (흘깃) 쳐다보더니 가던 길을 계속 갔다.

→ 彼は私を一度じろっと見ると、歩いて来た道を進み続けた。

① 꾸벅　→ こっくり(と)、ぺこり(と)

② 꿈틀　→ くねくね(と)

解　答

❸ 흘깃　→ じろっと、ちらっと

④ 훌훌　→ すいすい(と)

学習P 適切な擬態語を選ぶ問題。正答③の흘깃は「軽くじろっと見る様子」を表す擬態語。後に「見る」のような動詞が続く。

8）감기 기운이 있는지 아침부터 이불을 (휘)감고 저러고 있네요.

→ 風邪気味なのか、朝から布団を巻きつけてああしていますね。

① 짓　→ やたらに…、めちゃくちゃに…、容赦なく…、ひどく…

❷ 휘　→ ぐるぐる(と)…、ぐるっと…、ぐるりと…

③ 몰　→ 没…

④ 되　→「むしろ、かえって、逆に、再び」の意を表す接頭辞

学習P 適切な接辞を選ぶ問題。正答②の휘は「とても」という意味を持つ接頭辞。휘감다「ぐるぐる巻く」、휘날리다「なびかせる」のように使う。③の몰は「一ヶ所に」という意味では몰표「(一人に)集中した票」、몰박다「(一ヶ所に)打ち込む」のように使い、「全くない」という意味では몰상식「非常識」のように使う。

9）선생님이 하나 둘, 구령을 (붙이면) 아이들이 그것에 맞추어 움직였다.

→ 先生が１、２と号令をかけると、子供たちがそれに合わせて動いた。

① 부르면　→ 呼ぶと　　② 지르면　→ 叫ぶと、怒鳴ると

③ 치면　→ 打つと　　❹ 붙이면　→ 付けると、貼ると

学習P 適切な連語を選ぶ問題。正答④の붙이다を使った連語の구령을 붙이다は「号令をかける」の意味。구령이 떨어지다「号令がかけられる」、구령에 맞추어「号令に合わせて」などがよく使われる。

10）만만한 상대라 걱정 없다고 (거드름)을 피웠는데 공격 한번 못해 보고 지고 말았어요.

解　答

→ 手ごわくない相手なので心配ないと威張っていたのですが、一度も攻撃できずに負けてしまいました。

❶ 거드름　→ 傲慢な態度
② 말썽　→ 面倒、問題、もめ事
③ 엄살　→ (痛み・苦しみなどを)大げさに訴えること
④ 극성　→ きわめて盛んなこと、すさまじいこと

学習P 適切な連語を選ぶ問題。正答①の거드름は「傲慢な態度」の意味で부리다、피우다、빼다と一緒に使われ「傲慢な態度を見せる、気取る」の意味で使われる。말썽「トラブル」、엄살「大げさな態度」、극성「過激な性質」も부리다や피우다と共通して使える。

2　空欄補充問題(慣用句・四字熟語・ことわざ問題)　〈各1点〉

1）(심금을 울리는) 노랫소리가 청중들의 마음을 사로잡아 버렸다.
→ 心の琴線に響く歌声が、聴衆の心をとらえてしまった。

① 심사가 사나운　→ 意地が悪い、根性が悪い、よこしまだ
② 서리를 맞는　→ 霜に打たれる、大きな打撃を受ける、(打撃を受けて)打ちしおれる
❸ 심금을 울리는　→ (心の)琴線に触れる、胸を打つ
④ 시름을 놓는　→ 心配事がなくなる、安心する

学習P 適切な慣用句を選ぶ問題。正答③の심금は「心の琴線」の意味で심금을 울리다は「心の琴線に触れる、琴線を震わせる(感動させる)、胸を打つ、胸に響く」という意味を表す。

2）아이가 어찌나 옆에서 (입맛을 다시던지) 어른들끼리만 밥을 먹기가 미안하더라고요.

解　答

→ 子供があまりに横で舌なめずりをしていたからか、大人たちだけでご飯を食べるのが申し訳なかったんです。

❶ 입맛을 다시던지　→（食べたくて）舌なめずりをしていたからか
② 안면을 트던지　→ 知り合いになったのか
③ 날을 세우던지　→ 刀を研いだからか、精神を集中させたからか
④ 본때를 보이던지　→ 思い知らせたのか、見せしめに懲らしめたのか

学習P 適切な慣用句を選ぶ問題。正答①の입맛을 다시다は「（食べたくて）舌なめずりをする」の意味以外に、「（事が行き詰って）困惑する」という否定的な意味も持つ。입맛이 쓰다「後味が悪い」という慣用句もある。

3）（적반하장）도 유분수지, 싹싹 빌어도 시원찮은데 되레 큰소리를 치다니.

→ 盗人猛々しいにもほどがあろう、頭を下げて謝っても足りないのに、かえって大声を出すとは。

① 고진감래　→〈苦尽甘来〉苦しみが尽きれば喜びが訪れること
② 독불장군　→〈独不将軍〉ワンマンな人、一匹狼、「独りでは将軍になれない」の意
③ 아전인수　→〈我田引水〉我田引水
❹ 적반하장　→〈賊反荷杖〉盗人猛々しい

学習P 適切な四字熟語を選ぶ問題。正答④の적반하장は「泥棒が返って鞭を振るう」の意味。적반하장도 유분수지「盗人猛々しいにも程がある」と同じ意味で적반하장도 아니고もよく使われる。

4）（팔이 안으로 굽는다）고 자기 동생한테 뭐라고 좀 했다고 저한테 바로 따지러 온 거 있죠?

→ 負うた子より抱いた子だと、自分の弟に何か言ったといって、私をすぐに問い詰めに来たんですよ。

解　答

① 사돈 남 나무란다

→ 自分のことは棚上げして他人に口出しするというたとえ。どっちもどっちだ、目くそが鼻くそを笑う

❷ 팔이 안으로 굽는다

→ 負うた子より抱いた子。離れている者よりも、身近な者をまず大切にするのが人情の常であることのたとえ。

③ 공자 왈 맹자 왈 한다

→ 空理空論にふける態度や、理解を伴わずに教条主義的に学習する態度のたとえ。

④ 우물에 가 숭늉 찾는다

→ 事の手順を無視して急ぐことのたとえ(原義：井戸に行ってお焦げを探す)。

学習P 適切なことわざを選ぶ問題。正答②の팔이 안으로 굽는다は「人は常に自分に近い人に有利になるよう考えるものだ」という意味で、四字熟語の인지상정「人情の常」とほぼ同じ意味で使う。

3 下線部と置き換えが可能なものを選ぶ問題　〈各1点〉

1）내가 그렇게 많이 챙겨 줬는데 나한테 왜 그리 <u>인색하게</u> 구는 거예요?

→ 私があんなにたくさん面倒を見てあげたのに、どうしてそんなに私に<u>けち臭く</u>振舞うのですか?

① 빤하게　→ あからさまに　　❷ 박하게　→ けち臭く

③ 궁하게　→ 貧しく　　④ 짠하게　→ 心苦しく

学習P 置き換えが可能な形容詞を選ぶ問題。文中の인색하다は「けちだ」の意味で②の박하다「薄情だ」と同じような意味を持つ。

解　答

2）쏟아지는 비판에 제 발이 저렸는지 자꾸 말끝을 흐리는 것이었다.

→ 殺到する批判に気がとがめたのか、しきりに言葉を濁すのだった。

① 쪼그리는　→ 押しつぶす、うずくまる、しゃがむ

② 주무르는　→ やたらにいじる、もむ、牛耳る

❸ 어물거리는　→ まごまごする、もたつく

④ 사그라뜨리는　→ 朽ち果てる、おさまる

学習P 慣用句と同じ意味の動詞を選ぶ問題。正答③の어물거리다は「ぐずぐずする、もたもたする」の意味で「言葉や行動がはっきりしないさま」を表す動詞なので말끝을 흐리다「言葉を濁す」と同じ意味。

3）어릴 때 친구와의 재회를 간절히 바라며 '옛 친구 찾기'라는 방송에 응모했다.

→ 幼い頃の友人との再会を切に願いながら「旧友探し」という放送に応募した。

❶ 학수고대하면서　→〈鶴首苦待-〉首を長くして待ちながら

② 혼비백산하며　→〈魂飛魄散-〉びっくり仰天しながら

③ 불문곡직하면서　→〈不問曲直-〉是非を問わず

④ 심기일전하며　→〈心機一転-〉心機一転して

学習P 置き換えが可能な四字熟語を選ぶ問題。正答①の학수고대は「鶴のように首を長くして待ちわびる」の意味の四字熟語で、간절히 바라다「切に願う」と同じ意味を表すので置き換えが可能。

4）바꾼 차가 겉만 번지르르하지 가격도 비싸고 성능도 국산만 못해요.

→ 乗り替えた車が表面だけピカピカで、価格も高く、性能も国産に及びません。

① 뛰어야 벼룩일 뿐　→ 逃げたとしても大きく抜け出すことはできない（原義：跳んだとしても蚤）ので

解　答

② 갈수록 태산이라고　→ 山また山で、一難去って又一難で
❸ 빛 좋은 개살구일 뿐　→ 見かけ倒し(原義：色のきれいなマンシュウアンズ)で
④ 옷이 날개라고　→ 馬子にも衣装で

学習Ⓟ 置き換えが可能なことわざを選ぶ問題。文中の겉만 번지르르하다は「中身はなくうわべだけ飾っているさま」を意味する表現なので「見かけだおし」の意味を持つ③の빛 좋은 개살구と置き換えが可能。

4 空欄補充問題(文法問題)　〈各1点〉

1）그런 환경이라면 누구(인들) 배겨 내겠어?
→ そんな環境であれば、誰(であっても)耐え抜くことはできないだろう。

① 일랑　→ ～こそは、～だけは、(特に)～は、～なんかは
② 하며　→【しばしば-하며 -하며の形で】～も(～も)、～と(～と)
③ 인즉　→ ～はと言えば、～について言えば、～によると、～だから、～ならば
❹ 인들　→ ～だとしても、～であろうとも、～とて

学習Ⓟ 適切な助詞を選ぶ問題。正答④の－인들は反問・反語を引き出し譲歩の意を表す補助詞で「だとしても、であろうとも」の意味。그 사람들인들 그렇게 하고 싶었겠어요?「彼らだってそのようにしたくなかったでしょう。」のように使う。

2）싹싹 (빌었건만) 눈 하나 깜짝 하지 않고 방을 나가 버렸다.
→ 熱心に(謝ったけれど)、まばたき一つせずに部屋を出てしまった。

① 빌거니　→ 謝ったり　　❷ 빌었건만　→ 謝ったけれど
③ 빌진대　→ 謝るに　　④ 빌망정　→ 謝まろうとも

学習Ⓟ 適切な語尾を選ぶ問題。正答②の－건만は用言の語幹に付いて前述した内容に対し後の内容を対立させる意味を表す連結語尾で「～だけど、～なのに」の意味。

解　答

3）A：이번에도 그 일 성공시키지 못하면 또 선배가 난리 칠 텐데.
　B：두고 봐, 내가 하늘이 두 쪽 나더라도 반드시 (성사시키리라).
→ A：今回もその仕事を成功させることができなければ、また先輩が大騒ぎするだろう。
　B：よく見ていて、私はどんな困難にあっても必ず(成功させてみるから)。

① 성사시키려무나　→ 成功させなさい
② 성사시키더이다　→ 成功させたのでございました
❸ 성사시키리라　→ 成功させてみせるぞ
④ 성사시키더구랴　→ 成功させましたねえ

学習Ⓟ 適切な終結語尾を選ぶ問題。正答③の-(으)리라は推測や意志を表す終結語尾で、ここでは意志を表している。

4）연세를 (드셨기도 하려니와) 기력도 쇠하셨으니까 이제 좀 쉬셔야 합니다.
→ お年を(召したこともあるが)気力も衰えたので、今は少しお休みにならなければなりません。

① 드시는 둥　→ 召すなど
❷ 드셨기도 하려니와　→ 召したこともあるが
③ 드셔 봤자　→ 召したところで
④ 드신 바에야　→ 召したからには

学習Ⓟ 適切な慣用表現を選ぶ問題。正答は②。ここで-기도 하려니와は前の言葉の드시다を認めながらそれに関連した他の事実(기력도 쇠하셨으니까)を並列的につなぐ接続語尾。

解　答

5 空欄に入れるのに適切ではないものを選ぶ問題 〈各１点〉

1）막내가 대견하게도 결혼할 때 살림살이를 다 알아서 (×대든다지) 뭐예요.

→ 末っ子が誇らしくも結婚するとき、所帯道具を全部自分で(×食ってかかると)いうじゃないですか。

① 장만한다지 → 準備すると ② 갖춘다지 → 整えると

③ 마련한다지 → 用意すると ❹ 대든다지 → はむかうと

学習P 不適切な語彙を１つ選ぶ問題。①の장만하다、②の갖추다、③の마련하다は「用意する、整える、準備する」という共通の意味を持つ。④の대들다は「食って掛かる、はむかう」の意味なので不適切。

2）어릴 때부터 보살펴 왔던 아이를 이번에 양자로 (×머금기로) 했대요.

→ 幼い頃から面倒を見てきた子供を、今回養子として(×含むことに)したそうです。

❶ 머금기로 → 含むことに

② 들이기로 → 受け入れることに

③ 맞기로 → 迎えることに

④ 삼기로 → 思うことに

学習P 不適切な語彙を１つ選ぶ問題。②の양자로 들이다「養子を取る」、③の양자로 맞다「養子として迎え入れる」、④の양자로 삼다「養子にする」は同じような意味になるが、①の머금다は「(口の中に)含む、(感情を)持つ」の意味なので不適切。

3）좋은 거로 하자면 한도 끝도 없고, 그렇다고 해서 싼 걸로 (×하는데야) 마음이 내키지 않고.

→ いいものにしようとすると限度がないし、だからといって安いものに(×することには)気が進まなくて。

① 하자니까는　→ しようとしたら
② 하려니까　→ しようとすると
❸ 하는데야　→ することには
④ 할라치면　→ しようと思ったら

学習P 不適切な語尾を１つ選ぶ問題。①の-자니까는、②の-려니까、④の-ㄹ라치면はすべて「-しようとする」という意志の意味を含むが③の-는데야は「-することには、するところに」なので①②④とは意味が異なる。

6 誤りがある文を選ぶ問題 〈各１点〉

1) ❶ 이를 닦는데 치약을 그렇게 조금 붙여요(×)→묻혀요(○)?
→ 歯を磨くのに歯磨き粉をそんな少しだけ付けるのですか?
② 어려운 한자에는 음을 달아 주면 어떨까요?
→ 難しい漢字には音をつけてあげてはどうでしょうか?
③ 셔츠의 단추를 달아야 하는데 마땅한 실이 없네요.
→ シャツのボタンをつけなければならないのに、適当な糸がありませんね。
④ 결혼하고 이제까지 가계부를 계속 적어 왔다고요?
→ 結婚してから今まで家計簿をつけ続けてきたんですって?

学習P 誤文を見分ける問題。日本語の「つける」に当たる붙이다、달다、적다は「歯磨き粉をつける」치약을 묻히다、「車を壁につける」차를 벽에 붙이다、「ボタンをつける」단추를 달다、「日記をつける」 일기를 적다のように前にくる名詞によって使い分けられる。

2) ① 아이가 그림책을 집고는 사 달라고 떼를 썼다.

解　答

→ 子供が絵本を手に取って、買ってくれと駄々をこねた。

❷ 아버지는 30년째 교편을 취하고(×)→잡고(○) 계십니다.

→ 父は30年間教鞭をとっています。

③ 오늘 점심은 귀찮은데 배달을 시켜 먹는 게 어때요?

→ 今日の昼食は面倒なので、出前をとって食べるのはどうですか?

④ 일단 숙소를 잡고 떠나는 게 좋지 않을까요?

→ ひとまず宿を取ってから出発するのがいいんじゃないですか?

学習P 日本語の干渉による誤用を見分ける問題。조치를 취하다「措置を取る」のように「取る」を취하다と言うことが多いので誤用が起こりやすい。

7 すべての文に共通して入るものを選ぶ問題 〈各２点〉

1）・한두 가지만 (짚고) 넘어가고자 합니다.

→ 一つか二つだけ指摘して次に行きたいと思います。

・예상 문제를 (짚어) 줬는데도 성적이 안 좋았다.

→ 予想問題を当てたにもかかわらず、成績が良くなかった。

・이마를 (짚어) 보니 열이 나는 것 같았다.

→ 額に手を当ててみると、熱が出ているようだった。

① 밝히다 → 明らかにする、明かす

② 대다 → 当てる、触れる、つける

③ 찍다 → (写真を)撮る、(はんこを)押す、つける

❹ 짚다 → つく、指す、(手を)あてる

学習P (　)の中に共通して入るものを選ぶ問題。正答は④。１番目の文には밝히다／짚다、２番目の文には찍다／짚다、３番目の文には대다／짚다が入るので共通して入るのは④の짚다のみ。

解 答

2）・아름다운 경관은 관광객들의 혼을 쏙 (뺐다).

→ 美しい景観は観光客たちの魂をすっかり奪った。

・큰아이는 아비를 (빼다) 박았어요.

→ 上の子は父に似て判で押したようだ。

・그렇게 (빼) 입고 어디 가게요?

→ そんなにめかしこんでどこに行くんですか？

① 끼다 → はめる、挟む、加わる、立ち込める

❷ 빼다 → 抜く、取り除く、受け継ぐ、着こなす

③ 차리다 → 準備する、構える、装う

④ 뽑다 → 抜く、選ぶ

学習P 1番目の文には빼다／뽑다、2番目の文には빼다、3番目の文には차리다／빼다が入るので共通して入るのは②の빼다のみ。

8 文中のハングル表記が間違っているものを選ぶ問題 〈各1点〉

1）❶ 눈에 띠는(×)→띄는(○) 행동은 가급적 안 했으면 좋겠다.

→ 目立つ行動はなるべくしないほうがいい。

② 붉은색을 띤 장미가 제일 아름다운 것 같아요.

→ 赤い色を帯びたバラが一番美しいようです。

③ 미소를 띠고 계신 할머니의 모습을 사진에 담았다.

→ 微笑んでいる祖母の姿を写真に収めた。

④ 아들은 나라의 큰 사명을 띠고 입대하게 되었다.

→ 息子は国の大きな使命を帯びて入隊することになった。

解　答

学習P 表記の誤りを見分ける問題。①の띄다は뜨이다の縮約形で눈에 띄다「目立つ、目につく」が正しい。띠다は、사명을 띠다「使命を帯びる」、활기를 띠다「活気を帯びる」、미소를 띠다「微笑みをたたえる」のように使う。

2）① 쌀쌀한 날씨에는 펄펄 끓는 찌개가 최고지요.

→ 肌寒い天気にはぐつぐつ煮えたチゲが最高でしょう。

② 입이 마르고 닳도록 얘기를 했는데도 소용이 없구먼.

→ 口が渇いてすり減るほど話したのに無駄だったなあ。

❸ 강아지가 밥이 모자란지 빈 그릇을 핥고(×)→핥고(○) 있네요.

→ 子犬が、ご飯が足りないのか、空の器を舐めていますね。

④ 승리를 눈 앞에 두고 역전패로 결국 무릎을 꿇고 말았다.

→ 勝利を目前にして、逆転負けで結局降参してしまった。

学習P 表記の誤りを見分ける問題。③の핥다という単語はない。

3）① 작품은 손으로 건드리지 말고 눈으로만 보세요.

→ 作品は手で触れず、見るだけになさってください。

❷ 며칠을 굶주르다(×)→굶주리다(○) 보니 다 맛있어 보이네요.

→ 何日もお腹を空かしていたので、全ておいしそうに見えますね。

③ 여름옷이라도 너무 어깨가 드러난 거 아니에요?

→ 夏服でも肩を出し過ぎではありませんか？

④ 하루 종일 그렇게 허리를 수그리고 일해도 괜찮겠어요?

→ 一日中そんなに腰をかがめて働いても大丈夫ですか？

学習P 表記の誤りを見分ける問題。②の굶주르다という単語はない。

解　答

9 空欄補充問題(対話問題) 〈各１点〉

1）A：어젯밤에 울었어요? 눈이 퉁퉁 부었네요.
B：리포트 과제가 끝나지 않아서 한숨도 못 잤거든요.
A：저는 그러면 오히려 눈이 푹 꺼지는데.
B：안 자려고 졸리면 눈을 비벼서 더 심해진 것 같아요.
A：(녹차 팩을 차갑게 해서 눈 위에 5분 정도 올려 놓으세요.)
B：그걸 진작에 알았으면 더 좋았을 걸 그랬네요.

→ A：昨夜泣きましたか？ 目がぷっくり腫れていますね。
B：レポートの課題が終わらなくて一睡もできなかったんです。
A：私がそうすると、むしろ目がぽっかりくぼむのに。
B：眠らないように、眠くなったら目をこすったので、さらにひどくなったようです。
A：(緑茶のパックを冷やして目の上に５分くらいのせておいてください。)
B：それをもっと早く知っていればよかったでしょうね。

❶ 녹차 팩을 차갑게 해서 눈 위에 5분 정도 올려 놓으세요.
→ 緑茶のパックを冷やして目の上に５分ほどのせておいてください。

② 피곤이 풀리게 조금이라도 눈 좀 붙이고 오세요.
→ 疲れが取れるように少しでも眠ってきてください。

③ 안과 처방전대로 해 보세요.
→ 眼科の処方箋通りにしてみてください。

④ 그래도 리포트를 완성할 수 있어서 정말 다행이에요.
→ それでもレポートを完成できて本当に良かったです。

学習Ⓟ 対話文を完成させる問題。正答は①。Ｂの２番目の会話で「目をこすったらもっとひどくなった」と言っているのに対し、３番目のＢの会話では「もっと早く聞けば良かった」と言っているのでその間のＡの会話ではある程度の解決策を提示してあげる言葉が来るのが自然な流れ。

解　答

2）A：한 달 전에 메일로 공지 보낸 거 받았어?

B：금시초문인데. 무슨 연락이었지?

A：고등학교 동창회 안내문 못 봤어?

B：(바이러스 때문에 피시가 다운됐을 땐가 보다.)

A：빠질 사람이 아닌데 하고 걱정했지 뭐야.

→ A：一ヶ月前にメールで送ったお知らせを受け取った？
B：初耳だよ。何の連絡だったっけ？
A：高校の同窓会の案内文、見なかった？
B：（ウイルスのせいでPCがダウンしたときのようだな。）
A：欠席する人じゃないから、心配したよ。

① 인터넷 연결은 아직 안 됐지만 확인은 끝냈어.
→ インターネット接続はまだできてないけど、確認は終えたよ。

❷ 바이러스 때문에 피시가 다운됐을 땐가 보다.
→ ウイルスのせいでＰＣがダウンしたときのようだな。

③ 그날 다른 모임이 있어 참석 못해.
→ その日、他の集まりがあって参加出席できないんだ。

④ 다시 보내 줘서 정말 고마워.
→ もう一度送ってくれて本当にありがとう。

学習Ⓟ 対話文を完成させる問題。正答は②。「お知らせをもらってないか」というAの話に対し、「パソコンのトラブルがあった時に届いたようだ」というBの話がつながり、その次にAが「来ない人ではないので心配していた」と言うことで自然な流れになる。

3）A：요즘 통 소식이 뜸해서 궁금했어요.

B：네, 그럴 사정이 좀 있었어요.

A：왜요? 무슨 일 있었어요?

B：그동안 정신이 없어서 연락할 겨를도 없었네요.

解　答

A：(혹시 요즘 드라마에 푹 빠져 있는 거 아니에요?)
B：어떻게 그걸?

→ A：最近すっかり便りがなくて気になりました。
B：はい、ちょっと事情がありました。
A：どうしたのですか？　何かあったのですか？
B：この間忙しくて、連絡する暇もなかったんですよね。
A：(ひょっとして最近ドラマにどっぷりはまってるんじゃないですか？)
B：どうしてそれを？

① 아무리 그래도 그렇지, 나한테까지 연락을 안 해요?
→ いくらそうだとしても、私にまで連絡をしないのですか？

② 건강도 챙겨 가면서 일을 해도 해야지요.
→ 仕事をするにしても、健康も気をつけながらしなければなりませんね。

③ 그랬군요. 얼마나 불안했는지 몰라요.
→ そうだったのですね。どれだけ不安だったか分かりません。

❹ 혹시 요즘 드라마에 푹 빠져 있는 거 아니에요?
→ ひょっとして、最近ドラマにどっぷりはまってるんじゃないですか？

学習P 対話文を完成させる問題。最後の어떻게 그걸?「どうしてそれを？」というBの言葉は、隠していたことがバレて戸惑っている様子を表す表現で、そのような内容の対話文は④のみ。

4) A：유진 씨는 옷을 그렇게 많이 사니 옷값이 장난 아니겠어요.
B：아무리 그래도 제가 아무 때나 사겠어요?
A：생일이나 월급날 그런 때 대량으로 장만하시나요?
B：실은 재고 정리 때를 잘 노려서 알뜰하게 구입하는 거예요.
A：(그럼 유행이 다 지나간 것들 아니에요?)
B：하지만 신상품 한 벌 값으로 여러 개 살 수 있어요.

→ A：ユジンさんは服をそんなにたくさん買うから、服の費用が半端じゃないでしょう。

解　答

B：いくらなんでも、私がいつでも買うわけではありません。
A：誕生日や給料日のようなときに、大量にお求めになるのですか？
B：実は在庫整理のときをよく狙って、節約して購入するんです。
A：(それでは流行がすっかり過ぎたものではありませんか？)
B：でも、新商品１着の値段で何着か買えます。

① 정말이지 절약이 몸에 배신 것 같아요.
→ ほんとうに節約が身についていらっしゃるようです。

② 저도 유진 씨를 본받아서 멋진 옷을 마련하고 싶어요.
→ 私もユジンさんを見習って素敵な服を用意したいです。

❸ 그럼 유행이 다 지나간 것들 아니에요?
→ それでは流行がすっかり過ぎたものではありませんか？

④ 그래도 유행을 안 타는 것들을 잘 고르시네요.
→ それでも、流行に乗らないものを上手に選んでいらっしゃいますね。

学習P 対話文を完成させる問題。正答は③。「記念日などに大量に買い物をしているのか」というＡの話に「在庫を購入することで安く買える」と答えるＢ。在庫品なので「流行が過ぎたものではないか」と心配するＡの話があって最後に「その代わりたくさん買える」というメリットを伝えるＢの話が自然につながる。

10 読解問題 〈各１点〉

1）

지금까지는 아파트 경비원이 택배 배달이나, 개인적인 심부름까지 주민들에게 부탁받는 일이 있어 부담이 되어 왔다. 하지만 개정된 공동주택관리법에 의하면 택배 배달이나 주차를 대신하는 행위 등은 경비원의 기본 업무에서 제외되었다. 법이 정한 업무는 청소 및 분리수거 등의 아파트 환경 관리와 안전 관리 역할이다. 법을 어기면 시정 명령이 내려지며, 이를 거부하면 벌금형이 떨어진다.

[日本語訳]

今まではマンションの警備員が宅配配達や個人的なお使いまで住民に頼まれることがあり、負担になってきた。しかし改正された共同住宅管理法によれば、宅配配達や駐車を代行する行為などは、警備員の基本業務から除外された。法が定めた業務は、清掃および分別収集などのマンション環境管理と安全管理の役割だ。法を破れば是正命令が下され、これを拒否すれば罰金刑が下される。

【問】本文の内容と一致しないものを選ぶ問題

① 경비원들의 업무를 덜어 주는 쪽으로 법이 바뀌었다.
→ 警備員の業務を減らす方向に法律が変わった。

❷ 지금까지의 경비원 업무가 환경 관리와 안전 관리로 통합되었다.
→ これまでの警備員業務が、環境管理と安全管理に統合された。

③ 주민들의 도를 넘은 요구가 종종 문제가 되고 있었다.
→ 住民たちの度を越えた要求が、しばしば問題になっていた。

④ 법을 지키지 않는 주민에 대해서는 주의와 벌금이 부과된다.
→ 法を守らない住民に対しては、注意と罰金が科せられる。

学習P 内容と一致しない文を見つける問題。本文を見ると今までは環境管理及び安全管理以外の業務までこなしてきたが、法律的にこれからの業務として環境管理と安全管理だけになったという内容なので②が正答。

2）

겨울철에는 9시부터 12시, 16시부터19시까지가 전기 수요가 가장 높다. 이때 전기를 쓰면 효율도 낮고 요금도 비싸다. 수요가 높은 시

解　答

간대에는 생산 단가가 높은 발전기까지 가동되고, 수요가 낮은 시간대는 단가가 낮은 발전기가 주로 가동되기 때문이다. 그 외 계절의 최대 부하* 시간대는 10시부터 12시, 13시부터 17시이므로 이를 피하면 에너지도 요금도 절약할 수 있다.

[日本語訳]

冬場は９時から12時、16時から19時までが電気需要が最も高い。このとき電気を使えば効率も低く料金も高い。需要の高い時間帯には生産単価が高い発電機まで稼動し、需要の低い時間帯は単価の低い発電機が主に稼動するためだ。その他の季節の最大負荷*時間帯は10時から12時、13時から17時なので、これを避ければエネルギーも料金も節約できる。

【問】 内容一致問題

① 여름철과 겨울철에는 요금이 낮아지는 시간대가 반대이므로 주의가 필요하다.

→ 夏場と冬場では料金が低くなる時間帯が反対なので注意が必要だ。

② 수요가 낮은 시간에는 전기 사용량에 관계없이 정액제로 설정되어 있다.

→ 需要の低い時間には電気使用量に関係なく定額制に設定されている。

③ 계절에 상관없이 발전기 가동 대수를 제한시키면 에너지 절약이 가능해진다.

→ 季節に関係なく発電機の稼動台数を制限すれば、省エネが可能になる。

❹ 시간을 잘 맞추어 현명하게 전기를 사용함으로써 에너지를 아낄 수 있다.

→ 時間をよく合わせて賢く電気を使うことで、エネルギーを節約できる。

解 答

学習P 一致する内容を見分ける問題。正答は④。季節によって電気料金も節約できる時間帯があるので時間を賢く利用すれば節約だけではなく省エネにまでつながるという内容なので正答は④。

11 読解問題 〈各2点〉

현명한 소비자가 되기 위해서는 광고에 대한 비판적인 시각을 가져야 한다. (A특히) 상업적 목적의 광고를 대할 때에는 '광고에서 내세운 유명인이 그 제품과 관련된 전문가인가?', '품질이나 성능이 검증된 제품인가?', '통계 자료는 믿을 만한가?' 등의 질문을 통해 그 내용을 잘 파악해야 한다. (B그리고) 허위나 과장 광고가 아닌지, 제품의 이미지만을 전달하고 상세한 제품의 기능이나 특성을 알 수 없는 것은 아닌지 따져 봐야 한다.

광고의 도덕성도 소비자가 판단해야 한다. 비슷한 다른 제품의 단점을 드러내거나 이미지를 훼손하고 있지는 않은지 봐야 한다.

어떤 광고는 소비자를 자극하기 위해 비속어*와 은어*를 사용하는데, 올바른 소비자로서 광고에 등장하는 언어 역시 냉철하게 수용해야 한다. (C이처럼) 광고를 비판적으로 바라보는 눈을 길러야만 광고의 내용을 바르게 이해할 수 있다. (D그럼으로써) 상품의 특징과 장단점도 현명하게 분석할 수 있다.

[日本語訳]

賢い消費者になるためには、広告に対する批判的な視点を持たなければならない。(A特に)商業目的の広告に対するときには「広告に登場させた有名人が、その製品と関連した専門家なのか？」、「品質や性能が検証された製品なのか？」、「統計資料は信頼できるのか？」などの質

解　答

問を通じてその内容をよく把握しなければならない。(Bそして)虚偽や誇大広告ではないか、製品のイメージだけを伝え詳しい製品の機能や特性が分からないのではないかといったことを問いただしてみなければならない。

広告の道徳性も消費者が判断しなければならない。似たような他の製品の短所を表したり、イメージを毀損したりしていないかを見なければならない。

ある広告は消費者を刺激するために卑俗語*と隠語*を使うが、正しい消費者として広告に登場する言語も冷徹に受け入れなければならない。

(Cこのように)広告を批判的に見る目を育ててこそ、広告の内容を正しく理解することができる。(Dそうすることで)商品の特徴と長所と短所も賢く分析できる。

【問１】 空欄補充問題

	A	B	C	D
①	A그리고	B특히	C그럼으로써	D이처럼
	→ Aそして	B特に	Cそうすることで	Dこのように
❷	A특히	B그리고	C이처럼	D그럼으로써
	→ A特に	Bそして	Cこのように	Dそうすることで
③	A그리고	B이처럼	C특히	D그럼으로써
	→ Aそして	Bこのように	C特に	Dそうすることで
④	A특히	B이처럼	C그럼으로써	D그리고
	→ A特に	Bこのように	Cそうすることで	Dそして

学習P　文章のつながりを読み取る問題。正答は②。Aには「広告に対する批判的な視点を持たなければならない」という文の後に続いて、その内容を協調している특히が、Bには前後の文をつなぐ役割を果たす그리고が、Cには前述の文章をひとくくりにまとめて文につないでいる이처럼が、Dには本文全体を結論へと導いている그럼으로써が入るのが適当。

解 答

【問２】 本文で広告を批判的に受け取らなければならないと述べた理由として適切ではないものを選ぶ問題

❶ 소비자가 날카롭게 지켜보지 않으면 품질 저하로 이어질 수 있어서

→ 消費者が鋭く見守らなければ、品質低下につながりかねないので

② 다른 제품을 비하시켜 자신들의 제품을 좋게 포장할 수 있어서

→ 他の製品を貶（おとし）めて、自分たちの製品をよく装いかねないので

③ 제품에 대한 정보보다는 사람들의 이목을 끄는 데만 집중할 수 있어서

→ 製品に関する情報よりは、人々の注目を集めることだけに集中しかねないので

④ 자극적인 문구나 내용으로 소비자들의 소비 욕구를 돋울 수 있어서

→ 刺激的な文言や内容で、消費者の消費欲求を高めかねないので

学習P 適切ではない内容を選ぶ問題。本文の内容を見ると消費者が鋭い目で広告を見てこそ、その内容を正しく理解でき、商品の特徴や長所、短所まで賢く分析できると書いてあるので①は間違い。

12 読解問題 〈各２点〉

〔북(北)의 문헌에서 인용〕

평양문화어는 언어구조의 치밀성과 그 풍부성, 규범의 인민적성격과 순수성, 현대적인 세련미에 있어 다른 언어보다 뛰여나다. (A)

특히 아름다운 말소리는 그 우수성의 하나이다.

말소리가 아름다운것은 류창한 소리에 고저장단이 있고 억양*도 좋

解 答

기때문이다.

조선어의 말소리체계에는 거친 소리나 내쉬는 숨을 막아버리는 소리, 코소리가 거의 없으며 소리가 순하고 울림소리가 많다.（B：실지 언어행위속에서 울림소리의 사용비률은 거의 70%인데 이는 말소리흐름을 류창하고 아름답게 만들어주는 조건의 하나로 된다.）

유순하고 조화로운 우리 말소리의 특성에는 예로부터 부드럽고 점잖으면서도 지혜롭고 진취적*인 우리 인민의 성격적특질이 그대로 반영되여있다.（C）

보통 억양에는 그 언어 창조자들의 성격적기질이 반영되는데 평양문화어로는 희로애락을 비롯한 복잡하고 섬세한 사상감정과 심리상태를 구체적으로 잘 표현할수 있다.（D）

모두 평양문화어의 우수성을 잘 알고 적극 살려씀으로써 아름다운 생활문화를 창조해나가야 할 것이다.

[日本語訳]

ピョンヤン文化語は言語構造の緻密さとその豊かさ、規範の人民的な性格と純粋性、現代的に洗練された美しさにおいて、他の言語より優れている。（A）

特に美しい音声はその優秀性の一つだ。

音声が美しいのは、なめらかな音に高低のリズムがあって、イントネーション*も良いからだ。

朝鮮語の音声体系には、荒い音や吐き出す息をふさいでしまう音、鼻音がほとんどなく、音が素直で有声音が多い。（B：実際、言語行為の中で有声音の使用比率はほぼ70%だが、これは音声の流れをなめらかにし、美しくする条件の一つとなる。）

柔順で調和のとれた朝鮮語の音声の特性には、昔から柔らかく上品

でありながらも、知恵に富み、進取的*な我が人民の性格的な気質がそのまま反映されている。(C)

通常、イントネーションにはその言語の創造者の性格的な気質が反映されるが、ピョンヤン文化語では喜怒哀楽をはじめとする複雑で繊細な思想感情と心理状態を具体的によく表現することができる。(D)

皆がピョンヤン文化語の優秀性をよく知り、積極的に活用することで、美しい生活文化を創造していかなければならないだろう。

【問１】 文の入る適切な位置を選ぶ問題

실지 언어행위속에서 울림소리의 사용비률은 거의 70%인데 이는 말소리흐름을 류창하고 아름답게 만들어주는 조건의 하나로 된다.

→ 実際、言語行為の中で有声音の使用比率はほぼ70%だが、これは音声の流れをなめらかにし、美しくする条件の一つとなる。

①（A）　❷（B）　③（C）　④（D）

学習P 適切な位置を選ぶ問題。正答は②。Bの前に「音が柔らかく有声音が多い」という文があり、その後に有声音の使用比率が説明されているのでその続きとしてBの位置に入るのが一番自然。

【問２】 ピョンヤン文化語に対する説明として適切ではないものを選ぶ問題

① 인간의 감정이나 생각을 소리로 잘 나타낼 수 있다.
　→ 人間の感情や考えを音声でよく表すことができる。

② 소리의 고저장단이 잘 갖추어져 있고 품위가 있다.
　→ 音の高低のリズムがよく整えられていて品位がある。

❸ 콧소리를 통한 울림으로 말소리의 흐름을 부드럽게 해 준다.
　→ 鼻声を通した響きで、音声の流れを柔らかくしてくれる。

解　答

④ 억양에서 언어 체계를 구축해 온 사람들의 기질을 느낄 수 있다.

→ イントネーションから言語体系を構築してきた人々の気質を感じることができる。

学習P 適切ではない内容を選ぶ問題。正答は③。本文を見ると朝鮮語の音声体系には、鼻音がほとんどなく、音が穏やかで有声音が多いため、これが音声の流れを柔らかくしていると出ているので③は不適切。

13 翻訳問題(韓国・朝鮮語→日本語) 〈各1点〉

1) 뭐가 그리들 바쁜지 모이기 한번 참 힘들다.

→ 何がそんなに忙しいのか、集まるのも一苦労だ。

❶ 集まるのも一苦労だ。

→ 모이기 한번 참 힘들다.

② 大変な思いをしてまで集まった。

→ 힘들게 모였다.

③ 会えるのは今回限りだ。

→ 만날 수 있는 것은 이번이 마지막이다.

④ 会えるにはまだ時間がかかりそうだ。

→ 만나려면 아직 시간이 걸릴 것 같다.

2) 몰래 진행하던 일이 들통나게 생겼어요.

→ ひそかに進めていたことが、ばれるのは時間の問題です。

解　答

① 予想外の事が起きそうです。 → 예상 밖의 일이 생길 것 같아요.
② あらわになりました。 → 드러났습니다.
❸ ばれるのは時間の問題です。 → 들통나게 생겼어요.
④ 明らかになりました。 → 밝혀졌습니다.

3）어떻게 구워삶았는지 오빠가 순순히 해 주겠다네요.
→ どう言いくるめたのか、兄さんが素直にしてくれるんだそうです。

① どうやっておだてたのか → 어떻게 치켜세웠는지
② どのように調理したのか → 어떻게 조리했는지
③ いかに釣り合いを取ったのか → 얼마나 균형을 잡았는지
❹ どう言いくるめたのか → 어떻게 구워삶았는지

4）겨우내 기승을 부리던 추위도 어느덧 누그러들었다.
→ 冬の間ずっと猛威を振るっていた寒さも、いつの間にか和らいだ。

① ついに姿を消した。 → 드디어 자취를 감추었다.
② すっかり染み込んだ。 → 완전히 스며들었다.
③ 気づいたらどんよりしていた。 → 정신을 차려 보니 날씨가 흐렸다.
❹ いつの間にか和らいだ。 → 어느덧 누그러들었다.

解　答

14 翻訳問題（日本語→韓国・朝鮮語） 〈各2点〉

1）職場では清潔で質素な身なりを心がけましょう。

→ 직장에서는 깨끗하고 검소한 차림을 유의합시다.

① 궁핍한 복장 → 貧しい服装
② 알뜰한 착용 → つましい着用
❸ 검소한 차림 → 質素な身なり
④ 구차한 겉모습 → 窮屈な外見

2）彼もこの商売にはある程度熟達したことでしょう。

→ 그 사람도 이 장사에는 웬만큼 이력이 붙었겠지요.

❶ 웬만큼 이력이 붙었겠지요.
→ ある程度熟達したことでしょう。
② 어느 정도 싫증이 났을 거예요.
→ ある程度嫌気がさしたことでしょう。
③ 어쩌면 숙련되었겠지요.
→ ひょっとしたら熟練したかもしれません。
④ 웬만하면 능숙해질 법도 한데요.
→ よほどのことでなければ上手になっているはずでしょう。

3）気が散って集中できないじゃないか。

→ 정신이 사나워서 집중을 못하잖아.

解　答

① 감정을 해쳐서　→ 感情を害して
② 얼이 빠져서　→ 魂が抜けて
❸ 정신이 사나워서　→ 気が散って
④ 제정신이 아니라서　→ 正気でないので

4）不愛想な我が娘がお花を送ってくれるなんて長生きしてみるもんだね。
→ 무뚝뚝한 내 딸이 꽃을 보내주다니 오래 살고 볼일이군.

① 인생 길게 봐야겠군.　→ 人生は長く見てみないとなあ。
❷ 오래 살고 볼일이군.　→ 長生きしてみるもんだね。
③ 장수해야 할 것 같네.　→ 長生きしなければならないようだね。
④ 오래 사니까 받아 보네.　→ 長生きするからもらってみるね。

正答と配点

２級聞きとり 正答と配点

●40点満点

問題	設問	マークシート番号	正　答	配　点
1	1)	1	①	2
	2)	2	③	2
	3)	3	③	2
2	1)	4	②	2
	2)	5	①	2
	3)	6	④	2
3	1)	7	③	2
	2)	8	②	2
	3)	9	③	2
4	1)	10	④	2
	2)	11	②	2
	3)	12	③	2
5	【물음1】	13	④	2
	【물음2】	14	①	2
6	【물음1】	15	③	2
	【물음2】	16	②	2
7	1)	17	④	2
	2)	18	①	2
	3)	19	①	2
	4)	20	④	2
合計	20			40

２級筆記　正答と配点

●60点満点

問題	設問	マークシート番号	正答	配点
1	1)	1	①	1
	2)	2	③	1
	3)	3	②	1
	4)	4	①	1
	5)	5	④	1
	6)	6	①	1
	7)	7	③	1
	8)	8	②	1
	9)	9	④	1
	10)	10	①	1
2	1)	11	③	1
	2)	12	①	1
	3)	13	④	1
	4)	14	②	1
3	1)	15	②	1
	2)	16	③	1
	3)	17	①	1
	4)	18	③	1
4	1)	19	④	1
	2)	20	②	1
	3)	21	③	1
	4)	22	②	1
5	1)	23	④	1
	2)	24	①	1
	3)	25	③	1
6	1)	26	①	1
	2)	27	②	1

問題	設問	マークシート番号	正答	配点
7	1)	28	④	2
	2)	29	②	2
8	1)	30	①	1
	2)	31	③	1
	3)	32	②	1
9	1)	33	①	1
	2)	34	②	1
	3)	35	④	1
	4)	36	③	1
10	1)【물음】	37	②	1
	2)【물음】	38	④	1
11	【물음1】	39	②	2
	【물음2】	40	①	2
12	【물음1】	41	②	2
	【물음2】	42	③	2
13	1)	43	①	1
	2)	44	③	1
	3)	45	④	1
	4)	46	④	1
14	1)	47	③	2
	2)	48	①	2
	3)	49	③	2
	4)	50	②	2
合計	50			60

かな文字のハングル表記
（大韓民国方式）

【かな】	【ハングル】									
	<語頭>					<語中>				
あ い う え お	아	이	우	에	오	아	이	우	에	오
か き く け こ	가	기	구	게	고	카	키	쿠	케	코
さ し す せ そ	사	시	스	세	소	사	시	스	세	소
た ち つ て と	다	지	쓰	데	도	타	치	쓰	테	토
な に ぬ ね の	나	니	누	네	노	나	니	누	네	노
は ひ ふ へ ほ	하	히	후	헤	호	하	히	후	헤	호
ま み む め も	마	미	무	메	모	마	미	무	메	모
や ゆ よ	야		유		요	야		유		요
ら り る れ ろ	라	리	루	레	로	라	리	루	레	로
わ を	와				오	와				오
が ぎ ぐ げ ご	가	기	구	게	고	가	기	구	게	고
ざ じ ず ぜ ぞ	자	지	즈	제	조	자	지	즈	제	조
だ ぢ づ で ど	다	지	즈	데	도	다	지	즈	데	도
ば び ぶ べ ぼ	바	비	부	베	보	바	비	부	베	보
ぱ ぴ ぷ ぺ ぽ	파	피	푸	페	포	파	피	푸	페	포
きゃ きゅ きょ	갸		규		교	캬		큐		쿄
しゃ しゅ しょ	샤		슈		쇼	샤		슈		쇼
ちゃ ちゅ ちょ	자		주		조	차		추		초
にゃ にゅ にょ	냐		뉴		뇨	냐		뉴		뇨
ひゃ ひゅ ひょ	햐		휴		효	햐		휴		효
みゃ みゅ みょ	먀		뮤		묘	먀		뮤		묘
りゃ りゅ りょ	랴		류		료	랴		류		료
ぎゃ ぎゅ ぎょ	갸		규		교	갸		규		교
じゃ じゅ じょ	자		주		조	자		주		조
びゃ びゅ びょ	뱌		뷰		뵤	뱌		뷰		뵤
ぴゃ ぴゅ ぴょ	퍄		퓨		표	퍄		퓨		표

撥音の「ん」と促音の「っ」はそれぞれパッチムのㄴ、ㅅで表す。
長母音は表記しない。タ行、ザ行、ダ行に注意。

かな文字のハングル表記
（朝鮮民主主義人民共和国方式）

【かな】	【ハングル】									
	＜語頭＞					＜語中＞				
あ い う え お	아	이	우	에	오	아	이	우	에	오
か き く け こ	가	기	구	게	고	까	끼	꾸	께	꼬
さ し す せ そ	사	시	스	세	소	사	시	스	세	소
た ち つ て と	다	지	쯔	데	도	따	찌	쯔	떼	또
な に ぬ ね の	나	니	누	네	노	나	니	누	네	노
は ひ ふ へ ほ	하	히	후	헤	호	하	히	후	헤	호
ま み む め も	마	미	무	메	모	마	미	무	메	모
や ゆ よ	야		유		요	야		유		요
ら り る れ ろ	라	리	루	레	로	라	리	루	레	로
わ を	와				오	와				오
が ぎ ぐ げ ご	가	기	구	게	고	가	기	구	게	고
ざ じ ず ぜ ぞ	자	지	즈	제	조	자	지	즈	제	조
だ ぢ づ で ど	다	지	즈	데	도	다	지	즈	데	도
ば び ぶ べ ぼ	바	비	부	베	보	바	비	부	베	보
ぱ ぴ ぷ ぺ ぽ	빠	삐	뿌	뻬	뽀	빠	삐	뿌	뻬	뽀
きゃ きゅ きょ	갸		규		교	꺄		뀨		꾜
しゃ しゅ しょ	샤		슈		쇼	샤		슈		쇼
ちゃ ちゅ ちょ	쟈		쥬		죠	쨔		쮸		쬬
にゃ にゅ にょ	냐		뉴		뇨	냐		뉴		뇨
ひゃ ひゅ ひょ	햐		휴		효	햐		휴		효
みゃ みゅ みょ	먀		뮤		묘	먀		뮤		묘
りゃ りゅ りょ	랴		류		료	랴		류		료
ぎゃ ぎゅ ぎょ	갸		규		교	갸		규		교
じゃ じゅ じょ	쟈		쥬		죠	쟈		쥬		죠
びゃ びゅ びょ	뱌		뷰		뵤	뱌		뷰		뵤
ぴゃ ぴゅ ぴょ	뺘		쀼		뾰	뺘		쀼		뾰

撥音の「ん」は語末と母音の前ではㅇパッチム、それ以外ではㄴパッチムで表す。
促音の「っ」は、か行の前ではㄱパッチム、それ以外ではㅅパッチムで表す。
長母音は表記しない。タ行、ザ行、ダ行に注意。

ㅎ

ㄱ

「ハングル」能力検定試験

資　料

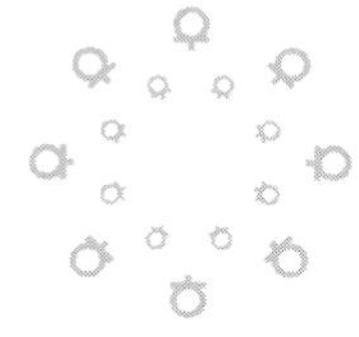

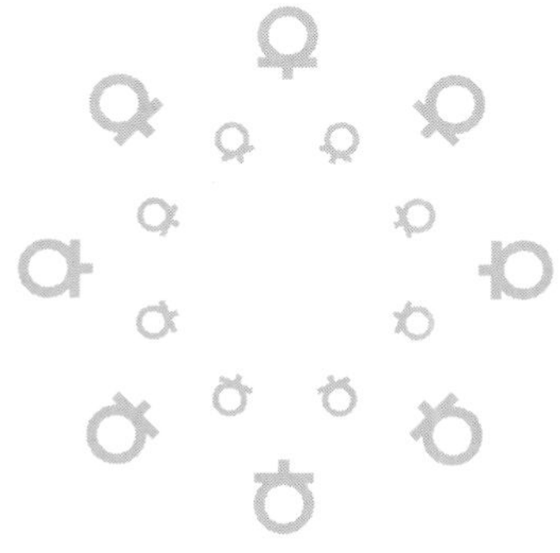

2023年春季　第59回検定試験状況

●試験の配点と平均点・最高点

級	配点（100点満点中）			全国平均点			全国最高点		
	聞・書	筆記	合格点（以上）	聞・書	筆記	合計	聞・書	筆記	合計
1級	40	60	70	20	32	52	37	52	89
2級	40	60	70	24	32	56	38	54	90
準2級	40	60	70	25	39	64	40	60	100
3級	40	60	60	27	42	69	40	60	100
4級	40	60	60	29	45	74	40	60	100
5級	40	60	60	31	48	79	40	60	100

●出願者・受験者・合格者数など

	出願者数（人）	受験者数（人）	合格者数（人）	合格率	累計（1回～59回）		
					出願者数	受験者数	合格者数
1級	120	106	20	18.9%	5,427	4,943	578
2級	426	370	70	18.9%	27,286	24,332	3,673
準2級	1,204	1,055	434	41.1%	67,127	60,469	20,295
3級	2,559	2,218	1,669	75.2%	125,899	112,040	62,084
4級	3,178	2,713	2,151	79.3%	150,593	133,468	98,508
5級	2,966	2,519	2,157	85.6%	136,885	121,362	98,497
合計	10,453	8,981	6,501	72.4%	514,160	457,486	283,721

※累計の各合計数には第18回～第25回までの準1級出願者、受験者、合格者数が含まれます。

■年代別出願者数

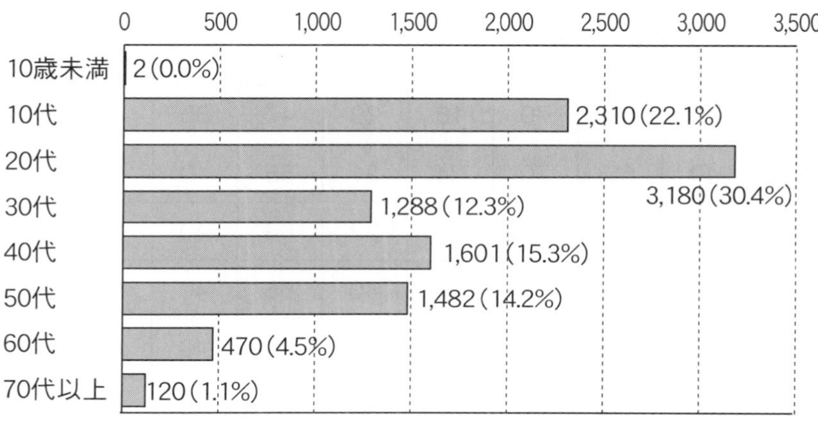

■職業別出願者数

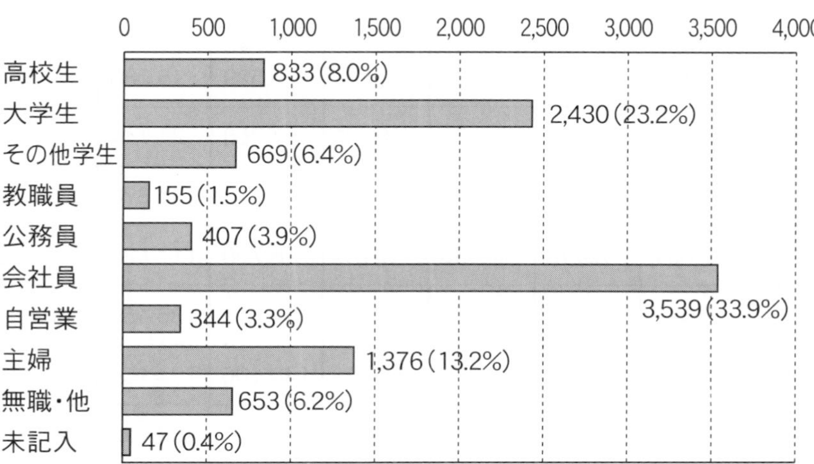

2023年秋季　第60回検定試験状況

●試験の配点と平均点・最高点

級	配点（100点満点中）			全国平均点			全国最高点		
	聞・書	筆記	合格点（以上）	聞・書	筆記	合計	聞・書	筆記	合計
1級	40	60	70	18	29	47	35	49	83
2級	40	60	70	24	31	55	40	55	95
準2級	40	60	70	22	32	54	40	60	100
3級	40	60	60	25	40	65	40	60	100
4級	40	60	60	30	44	74	40	60	100
5級	40	60	60	33	48	81	40	60	100

●出願者・受験者・合格者数など

	出願者数（人）	受験者数（人）	合格者数（人）	合格率	累計（1回～60回）		
					出願者数	受験者数	合格者数
1級	102	93	6	6.5%	5,529	5,036	584
2級	472	412	75	18.2%	27,758	24,744	3,748
準2級	1,385	1,209	225	18.6%	68,512	61,678	20,520
3級	2,801	2,443	1,558	63.8%	128,700	114,483	63,642
4級	3,422	2,991	2,336	78.1%	154,015	136,459	100,844
5級	3,221	2,788	2,376	85.2%	140,106	124,150	100,873
合計	11,403	9,936	6,576	66.2%	525,563	467,422	290,297

※累計の各合計数には第18回～第25回までの準1級出願者、受験者、合格者数が含まれます。

■年代別出願者数

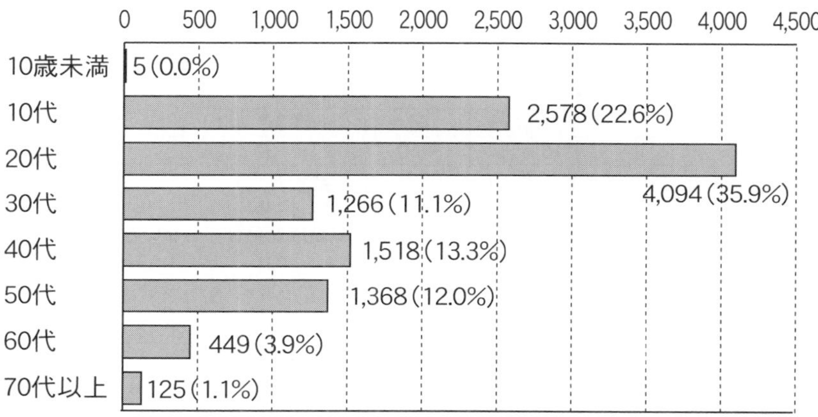

■職業別出願者数

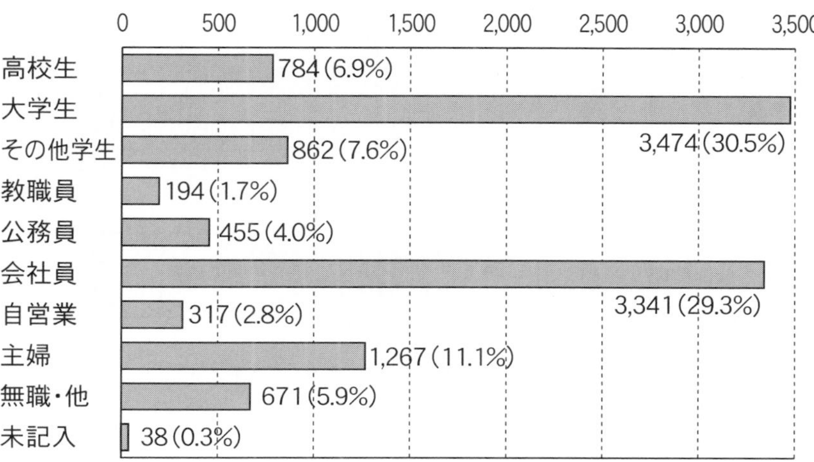

●合格ラインと出題項目一覧について

◇合格ライン

	聞きとり		筆記		合格点
	配点	必須得点(以上)	配点	必須得点(以上)	100点満点中(以上)
5級	40		60		60
4級	40		60		60
3級	40	12	60	24	60
準2級	40	12	60	30	70
2級	40	16	60	30	70
	聞きとり・書きとり		筆記・記述式		
	配点	必須得点(以上)	配点	必須得点(以上)	
1級	40	16	60	30	70

◆解答は、５級から２級まではすべてマークシート方式です。
　１級は、マークシートと記述による解答方式です。

◆5、４級は合格点(60点)に達していても、聞きとり試験を受けていないと不合格になります。

◇出題項目一覧

	初級		中級		上級	
	5級	4級	3級	準2級	2級	1級
学習時間の目安	40時間	80	160	240～300	―	―
発音と文字					*	*
正書法						
語彙						
擬声擬態語			*	*		
接辞、依存名詞						
漢字						
文法項目と慣用表現						
連語						
四字熟語				*		
慣用句						
ことわざ						
縮約形など						
表現の意図						
テクストの理解と産出　内容理解						
テクストの理解と産出　接続表現	*	*				
テクストの理解と産出　指示詞	*	*				

※灰色部分が、各級の主な出題項目です。
　「*」の部分は、個別の単語として取り扱われる場合があることを意味します。

協会発行書籍案内 협회 발간 서적 안내

「ハングル」検定公式テキスト
ペウギ 準2級/3級/4級/5級

ハン検公式テキスト。これで合格を目指す！　暗記用赤シート付。
準2級/2,970円（税込）※CD付き
3級/2,750円（税込）
5級、4級/各2,420円（税込）
※A5版、音声ペン対応

合格トウミ【改訂版】
初級編 / 中級編 / 上級編

レベル別に出題語彙、慣用句、慣用表現等をまとめた受験者必携の一冊。
暗記用赤シート付。
初級編/1,760円（税込）
中級編、上級編/2,420円（税込）
※A5版、音声ペン対応

中級以上の方のためのリスニングBOOK
読む・書く「ハン検」

長文をたくさん読んで「読む力」を鍛える！
1,980円（税込）
※A5版、音声ペン対応
別売CD/1,650円（税込）

ハン検 過去問題集（CD付）

年度別に試験問題を収録した過去問題集。
学習に役立つワンポイントアドバイス付！
1、2級/各2,200円（税込）
準2、3級/各1,980円（税込）
4、5級/各1,760円（税込）
※2021年版のみレベル別に収録。

★☆★詳細は協会ホームページから！★☆★

協会書籍対応　音声ペン

対応書籍にタッチするだけでネイティブの発音が聞ける。
合格トウミ、読む書く「ハン検」、ペウギ各級に対応。

※音声ペンは「**ハン検オンラインショップ**」からご購入いただけます。

〈ハン検オンラインショップ〉 https://hanken.theshop.jp

好評発売中

2023年版 ハン検公式 過去問題集

（リスニングサイト・音声ダウンロード）

2022年第57回、58回分の試験問題を級別に収録、公式解答・解説付！

1級、2級 ………………………… 各2,420円（税込）
準2級、3級 ……………………… 各2,200円（税込）
4級、5級 ………………………… 各1,980円（税込）

購入方法

①全国主要書店でお求めください。（すべての書店でお取り寄せできます）

②当協会へ在庫を確認し、下記いずれかの方法でお申し込みください。
【方法１：郵便振替】
振替用紙の通信欄に書籍名と冊数を記入し代金と送料をお支払いください。
お急ぎの方は振込受領書をコピーし、書籍名と冊数、送付先と氏名をメモ書きにしてFAXでお送りください。
◆口座番号：00160－5－610883
◆加入者名：ハングル能力検定協会
（送料1冊350円、2冊目から1冊増すごとに100円増、10冊以上は無料）
【方法２：代金引換え】
書籍代金（税込）以外に別途、送料と代引き手数料がかかります。詳しくは協会へお問い合わせください。

③協会ホームページの「書籍販売」ページからインターネット注文ができます。
（https://www.hangul.or.jp）

2024年版「ハングル」能力検定試験

公式 過去問題集〈2級〉

2024年3月1日発行

編　著 特定非営利活動法人
ハングル能力検定協会

発　行 特定非営利活動法人
ハングル能力検定協会
〒101-0051 東京都千代田区神田神保町2-22-5Ｆ
TEL 03-5858-9101　FAX 03-5858-9103
https://www.hangul.or.jp

製　作 現代綜合出版印刷株式会社

定価 2,420円（税10%）
HANGUL NOURYOKU KENTEIKYOUKAI
ISBN 978-4-910225-23-4　C0087　¥2200E

「ハングル」能力検定試験

マークシート
見　本
（70％縮小）

個人情報欄　※必ずご記入ください

受　験　級
2　級 … ⬭
準2級 … ⬭
3　級 … ⬭
4　級 … ⬭
5　級 … ⬭

受験地コード			
⓪	⓪	⓪	⓪
①	①	①	①
②	②	②	②
③	③	③	③
④	④	④	④
⑤	⑤	⑤	⑤
⑥	⑥	⑥	⑥
⑦	⑦	⑦	⑦
⑧	⑧	⑧	⑧
⑨	⑨	⑨	⑨

受験番号			
⓪	⓪	⓪	⓪
①	①	①	①
②	②	②	②
③	③	③	③
④	④	④	④
⑤	⑤	⑤	⑤
⑥	⑥	⑥	⑥
⑦	⑦	⑦	⑦
⑧	⑧	⑧	⑧
⑨	⑨	⑨	⑨

生まれ月日			
	月		日
⓪	⓪	⓪	⓪
①	①	①	①
	②	②	②
	③	③	③
	④		④
	⑤		⑤
	⑥		⑥
	⑦		⑦
	⑧		⑧
	⑨		⑨

氏名	
受験地	

（記入心得）
1. ＨＢ以上の**黒鉛筆またはシャープペンシル**を使用してください。（ボールペン・マジックは使用不可）
2. 訂正するときは、消しゴムで完全に消してください。
3. 枠からはみ出さないように、ていねいに塗りつぶしてください。

（記入例）解答が「１」の場合

良い例	⬬	②	③	④

悪い例	レ点	線	バッテン	点	うすい

聞きとり

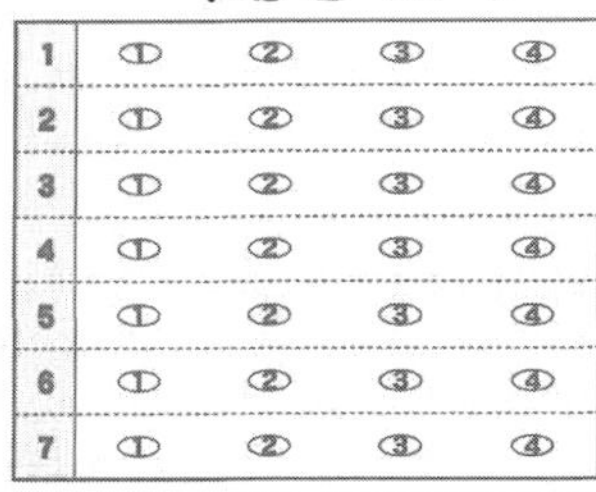

1	①	②	③	④
2	①	②	③	④
3	①	②	③	④
4	①	②	③	④
5	①	②	③	④
6	①	②	③	④
7	①	②	③	④

8	①	②	③	④
9	①	②	③	④
10	①	②	③	④
11	①	②	③	④
12	①	②	③	④
13	①	②	③	④
14	①	②	③	④

15	①	②	③	④
16	①	②	③	④
17	①	②	③	④
18	①	②	③	④
19	①	②	③	④
20	①	②	③	④

筆　　記

1	①	②	③	④
2	①	②	③	④
3	①	②	③	④
4	①	②	③	④
5	①	②	③	④
6	①	②	③	④
7	①	②	③	④
8	①	②	③	④
9	①	②	③	④
10	①	②	③	④
11	①	②	③	④
12	①	②	③	④
13	①	②	③	④
14	①	②	③	④
15	①	②	③	④
16	①	②	③	④
17	①	②	③	④

18	①	②	③	④
19	①	②	③	④
20	①	②	③	④
21	①	②	③	④
22	①	②	③	④
23	①	②	③	④
24	①	②	③	④
25	①	②	③	④
26	①	②	③	④
27	①	②	③	④
28	①	②	③	④
29	①	②	③	④
30	①	②	③	④
31	①	②	③	④
32	①	②	③	④
33	①	②	③	④
34	①	②	③	④

35	①	②	③	④
36	①	②	③	④
37	①	②	③	④
38	①	②	③	④
39	①	②	③	④
40	①	②	③	④

41 問～ 50 問は 2 級のみ解答

41	①	②	③	④
42	①	②	③	④
43	①	②	③	④
44	①	②	③	④
45	①	②	③	④
46	①	②	③	④
47	①	②	③	④
48	①	②	③	④
49	①	②	③	④
50	①	②	③	④

K12516T 110kg

ハングル能力検定協会